侯楨著

侯楨作品集5：散文

時光的腳印

——仍然有夢

文史哲出版社印行

時光的腳印 — 仍然有夢 /侯楨著 -- 初版
-- 臺北市：文史哲,民 101.03
頁；　公分（侯楨作品集；5）
ISBN 978-986-314-017-7（平裝）

855　　　　101002788

侯楨作品集 5：散文

時光的腳印

— 仍然有夢

著　者：侯　楨
出版者：文史哲出版社
http:// www.lapen.com.tw
e-mail：lapen@ms74.hinet.net
登記證字號：行政院新聞局版臺業字五三三七號
發行人：彭正雄
發行所：文史哲出版社
印刷者：文史哲出版社
臺北市羅斯福路一段七十二巷四號
郵政劃撥帳號：一六一八〇一七五
電話886-2-23511028 · 傳真886-2-23965656

定價新臺幣三二〇元

中華民國一百零一年（2012）三月初版

ISBN 978-986-314-017-7　　08525

時光的腳印 目次

時光的腳印

仍然有夢

時光的腳印　4

文友奶奶們參加孫女婚禮
（由左至右：畢璞、芯心、孫女如心、鮑曉暉）

文友聚會
（由左至右：姚宜英、鮑曉暉、侯楨、芯心、俞金鳳）

2010 年新春文薈與馬英九總統合照

茂茂：
馬英九
99
3
13

貴賓證　國家文化總會 2010 新春文薈
侯　楨
主辦：國家文化總會　贊助：行政院文化建設委員會

謹訂於99年3月13日（星期六）下午2時在台北賓館（台北市凱達格蘭大道1號）舉辦「2010新春文薈」歡迎

蒞臨指導

榮譽會長 馬英九
會　　長 劉兆玄　　敬邀

馬英九總統親筆簽名

馮馮赴夏威夷定居當日於侯楨家中與家人合影

由左至右：詩人王祥麟、馮馮、侯楨、好友國萍

由左至右：好友馬先生、馮馮、侯楨

體協前理事長黎玉璽將軍於左營奧訓中心與選手們同樂

體協前理事長黎玉璽將軍與小選手們一起野餐

濤園眷村入住三十周年鄰居老友大合照

濤園眷村入住三十周年鄰居老友大合照

【亂世情誼】文中之鄭伯（右一）與作者父親及全家合影

作者及三兒全家與馮公夏老先生合影

斌孫婚禮全家合照（前排為作者與其大哥）

斌孫挽著母親與岳母進入婚禮現場

作者參加斌孫婚禮與新郎新娘合照

斌孫婚宴前的親友大合照

牛皮糖

有一天，友人約我去看晚場的電影；事前先徵求我丈夫的同意，他一口答應：「沒問題，孩子包在我身上。我會把他們洗乾淨，叫他們做功課；做完功課，就安排他們睡覺。你只管放心去好了。」

當我回來時，還未進門，他的鼾聲就把我嚇了一跳。怎麼！他又睡了？

我輕輕的推開用椅子頂著的房門。天啦！這叫什麼？整個家，就像是小偷光顧過似的，亂七八糟。他卻和衣躺在沙發上。我急步跑進臥房；兩個大的，被也沒蓋的睡著了。小的呢？小的不見啦！我急得四處亂找。哦！我的小寶貝，原來他蹲在大門邊，睡著了。

我罵自己的糊塗，怎麼剛才進來時沒看見？我把他抱了起來，吻去他臉上的淚痕，把他抱回床上。把孩子都安排好了，再來處置這個大的。我也沒功夫生氣了，把他手上的書拿開。看他睡得那麼甜，我要是有力氣，我也會抱他上床；可是不行，這麼大的個子，我一隻腳都抱不動。我推推他，他像囈語般，揮揮手：「別吵了，爸爸說過不來了！」真不知道剛才他們是怎麼玩的？我用力再推推他，他才突然的驚醒過來：「啊！你回來了，怎麼這麼快？好看嗎？」他一邊揉著眼，一邊站了起來，伸懶腰。

「好看，太好看了，你自己看看好了！」

他用眼掃視了房裏一週。笑著說：「這沒什麼！反正明兒早上也要整理的，明早我包了。」

「又是你包了。剛才我去的時候，你也包過的；結果，你自己看看變成什麼樣子了？」

他聳聳肩，慢條斯理的解釋：「那兩個大的還好辦，一說就聽；就是這個小的吃不消。平常我講了三個故事之後，他就會很快的睡著了；可是今天不行，說什麼也不睡，非要去找你，怎麼哄也哄不好，一定要開門出去找你。害得我只好做妖怪叫，嚇他；果然，一嚇他就不敢出去了。可是他就拼命的大哭大叫，好像我打了他似的！唉！他這一哭，倒把我的瞌睡哭出來了；不曉得怎麼搞的，我也睡著了。」他又伸了個懶腰，走到房門口，伸頭向裏面看看：

「嘻嘻！他也睡著了。」

我沒精神和他理論，打發他去睡覺了，忙著收拾整理；他睡在床上，還叫我不要弄，明天他會包辦。這邊話剛說完，那邊他就鼾聲大作了。我只好嘆口氣。我並不是嘆他不幫忙做事，我倒不稀罕那些會做事的老爺們，男人太會做家事，反叫女人看了不順眼；我嘆的是他太孩子氣了。假如他能在孩子面前嚴肅點就好了，孩子也不會那麼放肆。

他不在家時，孩子倒還規規矩矩的，我一說就聽。他一回來就不行了，氣氛馬上改變；孩子有恃無恐，什麼都是「爸爸說的」。他呢，也什麼都往孩子身上推。「你的孩子要這樣嘛！」「你的孩子喜歡這樣嘛！」我要是追究起來，他們父子準會吵架。而常常理虧的都是他。每次當他下不了臺時，他唯一的辦法，就是睡覺！「好，好，老子不理你們，老子睡覺去了。」說了，他真的去睡覺了。

他的同事，都說他負責、認真、有魄力；可是，我可沒這個感覺。你們說他有魄力，他連幾個孩子都管不了。說他負責，我出去只幾個小時，家就變了樣。而且，他是最不認真的；在家裡，凡事都好像開玩笑似的，沒一點正經。

他怕我打孩子，常常代孩子受過。有次我的唇膏不見了，一定是孩子拿去玩了，可是他們都不承認。我氣得很，正想揍他們。那時，他正在看報，見我生氣，忙過來說：「是我拿的。」我問他拿去幹嗎？「吃呀！」「什麼！你把我的唇膏拿去吃？」他才恍然大悟：「啊！原來你找的是唇膏。」孩子們都哈哈大笑。他看我還在生氣，忽然嚴肅起來：「我限你們在五分鐘之內，把媽媽的唇膏找出來；找不到，罰站五分鐘。」他大概把在軍隊裡下命令的姿態拿出來了。孩子也跟他唱雙簧似的：「是，馬上。」

我怕他們又趁機造反了，只好向他們父子投降，叫他們不要找了。

他還很會利用孩子。記得有一天是星期六，孩子圍起他來講故事，聲明要講長的，因為是週末。他一口答應，沒問題，可以。不過講長故事要抽長壽，抽金馬（按：長壽與金馬都是香煙名）；不抽，講不出來。結果，我又給孩子們逼了十塊錢，給他買了包長壽。

我們結婚十幾年了，他的性格一點不改變，而且越來越淘氣，就像孩子一樣，越大越頑皮。

他就像一塊牛皮糖，看著叫人垂涎；可是要吃起來，還得費很大的牙力與耐心，才能嚼得動呢。

新生報理想丈夫徵文（民國五三年一月）

秀才農夫

已經是初冬氣候，依然雲淡風輕，陽光普照，園裡的桂花、含笑花、玉蘭花、薑花，同時盛開，滿園瀰漫著濃郁的花香，分不出到底是那一種香味。喜鵲一定是被花香吸引，一大早就站在屋前的電線桿上清脆的歌唱。附近有喜鵲窩，一年到晚都有喜鵲徘徊。瞧著這麼好的良辰美景，我卻在心底皺起眉頭。

昨天，有朋自遠方來，陪著逛了一天石門水庫，走得兩腳發軟，晚餐時多飲了兩杯，醺醺然的又喝了好幾杯釅茶，就這麼擾亂了睡眠。早上起來，精神很不好，腦袋好重，渾身酸軟，答應今天和他一塊修剪樹枝的事，恐怕無法實現了，好想再回去睡一覺。

早餐後，兒媳們孫兒們上班上學去了，我坐在餐桌前繼續看報紙，眼皮已經垂下來，不必上床馬上就可以進入夢鄉。他大概看出我又想黃牛，抽去我手上的報紙：

「這種天氣最適宜運動，走，我們工作去，出一身汗，保管渾身舒暢。」

他伸手想拉我起來，我實在很睏，眼睛都睜不開，今天的確不能勞動，我抱歉的對他說：

「改期算了，我好睏，我昨天……。」

「氣象報告寒流馬上就要來，趁現在天氣好，趕快把那幾株果樹修剪好，施些肥料，明年才有水果吃。」

話未說完就被他打斷，顯然沒有商量的餘地。看他精神奕奕，興緻很好，也不忍心掃他的興。但是我的確疲倦、的確無法工作，很想馬上就去睡覺，我再向他請求：

「寒流來了幾天又會過去的，等到星期天或有假期，大家一起來，孩子們答應負責……。」

他馬上就顯出不耐煩，聲音一下提高：

「已經到了冬天，寒流會一個接一個的來，你能保證放假的時候不來寒流？而且，他們難得有假期，何必剝削他們玩的時間？我們做得到的事情何必要麻煩他們？你如果沒有興趣不想動，我一個人做也可以……。」

「我就是擔心你一個人爬上爬下太危險，才說讓我來修剪的，你以為我真的喜歡剪樹枝？告訴你，老先生，七十歲了，凡事都要量力，爬梯子剪樹枝的事，免啦，萬一……。」

「放心好了，人生七十才開始，連四平八穩的鋁梯都不敢爬，開始什麼？」

「開始逞強呀，開始固執呀，開始不通情理呀？以前沒有的毛病，現在通通都來了。」

他睜大眼睛瞪著我，他又想先發制人：

「你今天怎麼搞的？說話冒煙，你那裡不對勁？」

「我渾身都不對勁，我想去睡覺。」

「要睡覺就去睡，誰攔著你？」

我如獲大赦，馬上陪上溫柔的笑容：

「我去睡覺你也不要去做事情，也不要去剪樹枝，你到書房去看書寫字，順便聽聽電話，我才放心去睡覺。」

他霍然站起來，肝火瞬即上昇：

「看書寫字？哈？我坐了幾十年辦公桌，好不易擺脫它，又要叫我去看書寫字？告訴你我和書桌再見了，老子不高興再碰到書桌了。」

「那麼牌桌呢？牌桌為什麼不和它說再見？為什麼每天都要在那上頭浪費幾個鐘頭？如果把每天八圈的時間用在練字習畫上，以你的慧根與才智，不出三五年，你就可以開書畫展了。」

還以為恭維可以收效，沒想到他已經老僧入定，只見他淡然的笑一下：

「不必再枉費心機，沒有用的，我已經決定不再用腦筋了。這幾年我才發現原來勞力比勞心愉快得多，心中沒有雜念，精神沒有負擔。做累了，隨便找個樹蔭坐下，喝杯茶抽隻煙，聽微風過樹，看鳥兒呢喃，神仙境界也不過如此。難怪以前的人喜歡歸隱田園，有道理。做農夫比較容易得到滿足和快樂。當年我就該改行的，如果當年我轉了行，也不會讓土地兀自荒蕪，說不定我現在已經很有成就，已經當選為傑出農家了。」

「越說越離譜，真是老天真。你現在是吃退休俸當然可以說風涼話，如果當年你真的改行，以你的秀才道行做個農夫？哈，現在可能已經……。」

「已經什麼？」

語氣又不太友善？客家人傲岸剛直的硬脾氣、彆扭起來像一條牛。好在我客串過農夫，學了一點農夫御牛術，我識相的馬上轉變語氣，笑著說：

「當然已經當選為十大傑出農家啦！」

明知我氣他，他依然神氣的笑了起來。他是有值得神氣的本錢，五年前退休時，這個我們決定久居的庭園一片荒蕪，他把全部精神投注在整頓上。雖然他對農事一竅不通，但卻興趣濃厚，有耐力，有恒心亦有匠心，把以前三頭馬車雜亂無章的廢園變成現在的秩序井然欣欣向榮。庭園有了新貌，他自己也幹得很有精神，每當別人稱讚欣賞他的傑作，他就顯得非常神氣得意。

退休後還能重整家園，這種精神毅力我當然十分佩服。問題是他太認真常會自不量力，不喜歡人家過問他的工作，也不找人幫助他工作，連移植花果樹木他都是獨幹硬幹蠻幹，結果時常累出病來，把原本作為消遣運動的工作變成不勝負荷的重任，弄得全家人都不安心。所以，每當他在園裡做比較吃重的事情時，我也就放下手邊的事情，找藉口到他身旁。與其說是幫助他，到不如說是牽制他監視他，陪他聊天，陪他喝茶。反正我們是養老，何必做得那麼認真？就像現在，我實在無法和他去剪樹枝，我好睏，好想睡覺，我再向他請假：

「等幾天再剪好了，大家分工合作，一下就可以剪好的。他們很樂意做這件事，整理庭園對他們來說，一樣是運動和消遣，他們絕對不會認為是被剝削了假期。」

「假期消遣的事很多，何必一定要他們做苦工？」

「既然是苦工，又何必你一個人做？大家一起分擔不好嗎？」

他忽然笑起來，笑得很莫名其妙：

「對我來說，不是苦工，我做得非常快樂，因為這是我唯一有得做可以做的事情！我有責任把事情做好。他們不同，他們上班的人生活已經好緊張，有假期就讓他們輕鬆自在的找他們喜歡的娛樂，就像我當年上班一樣，家裡的事什麼都不管。現在退休了，老了才管……。」

我心中一怔，工作對一個男人來說，真的那麼重要？既然他那麼在乎工作，把原本是消遣的事看成正當的工作，以後我不再那麼干涉他了，就讓他隨心所欲發揮他的「專長」吧！他已經變成名副其實的老頑固了，今天想叫他取消剪樹恐怕很難，我只好懶洋洋的站起來，懶洋洋的往外走。

他已經把修枝除草的工具搬到樹下、賴不掉了。我回房換上工作服爬上鋁梯，等候他的命令。

如果依我意思，修剪樹枝根本就是多餘。這二三十株碩果僅存的花果樹木樹齡已經很老了，就讓它們自由自在無拘無束像我們一樣的在園裡養老，只要它們枝葉茂盛，我們能在樹下散步乘涼，我就心滿意足。人家專業種出來的水果又好又便宜，何必再為吃水果而傷了它們？可惜他不這麼想，他認為既然種的是果樹，就一定要結果子。果子代表成就，做任何事都應該有成就感，這是他對自己的要求。要果實豐收就要捨得大刀闊斧的修枝剪葉，它們才會茂盛。

我們很少為某種事情爭執，我們總是互相尊重對方的意見，既然他已接管此園、主理園政，我就該聽從他的指示。

南畝耕，東山臥，世態人情經歷多，閒將往事思量過，賢的是他，愚的是我，爭什麼？關漢卿這首詞給我們很多的啓示。修枝是大學問，取捨之間很難下決定，剪過枝的果樹像中學女生的頭髮，死板得慘不忍睹，這種傷感情的事情，當然是讓一家之主去做決定。

我在上面修剪，他在下面指揮，這枝該剪，那枝該鋸，這枝又該留，嚴然農業專家。我在他的判決下，常會手下留情，剪下超生，盡可能把剪的程度降到最低。這種沒有準則的事情，誰知道他這個蒙古大夫的判決會不會有錯誤？

他的修養有時候又好得出奇，明明看見我違了他的意思，他也裝作未見。裝糊塗是他的特權，他經常把「老糊塗」運用得恰到好處。

修剪告一段落，坐在樹蔭下喝他新泡的茶，望著地上一大堆斷枝殘葉，口中不免嘆惜：

「它們曾經給我們遮過蔭，也結過果實，看不出它們那一點是多餘的廢物。這麼一剪，豈不是暴殄天物。」

「你看錯了方向，你應該盯著剪過的樹枝看，春天一到，修過枝的周圍會長出新芽嫩枝，平白冒出那麼多的新葉，你的感覺又如何？你現在就該預見那些景象才對。這些剪掉的樹枝看似可惜，等會我把它燒成灰燼，變成肥料又把它們放回原來的地方，因果循環，化腐朽為神奇，怎會暴殄天物？你剛才不是念念有詞：落英本是無情物，化作春泥反護花嗎？」

以前，我們都是為生活而忙，各有各的忙，所談的都是家庭生活瑣事，很少深入去瞭解對方或談些內心的境界。現在朝夕相處，日日相對，大家的習性都瞭如指掌，這才發現喜歡熱鬧喜歡吃喝玩樂的他也有那麼多的人生哲理。

「你說因果循環，我倒想起老多利，牠就埋在那棵柚子樹下，還有老黃毛、小花、小黑，都埋在園裡。難怪我們的香花特別茂盛，尤其是那棵含笑，好多人都說沒有見過這麼高大壯茁的含笑樹。」

他沒有做聲，似乎在懷念幾條忠心的老狗。

「如果一個人百年後也用這種因果循環的方式處理多好？與其用棺木裝起來慢慢的變壞變腐，被虫蛀食，不如乾乾淨淨的燒成灰，連骨罈都免了，用個精緻的紙盒裝好，埋在地下，滋養花木……。」

「人怎能同狗比？荒謬……。」

「一點都不荒謬，土地是永恒的，人活百年也只不過是短暫的過客，能夠真正的回歸土地，化作泥土，這才是真正的享受永恒哪！」

他站起來向松樹走去，松樹旁就是竹林。那幾株竹已太老，長不出好筍，翻竹頭的工作不容易，我們這種秀才農夫是絕對不行的。只有等春天到來重新種過，三年後才有竹筍吃。

踏著軟滑的松針，仰首望著零落的松子，三棵松樹正好成林。站在松林下有點蕭索之感，一年又快過去了，明年春天，松樹又會英姿煥發。我很喜歡這三株松樹，我喜歡在松柏間散步，松樹下可以找到很多的回憶。心境寧靜的時候，時光就會倒流。當年我在松樹下嬉戲的年齡，不正是駿孫現在的年紀麼？

他去整理焚化爐，可能要燒樹枝了。

我的精神已經恢復，早上起來的瘓散頹唐已完全消失，也不想睡覺了。

「出一身汗，保證你渾身舒暢。」

薑是老的辣，他的說話總是對的？！

新生報副刊（民國七六年一月六日）

享受第二個青春

最近看了一本大地出版社出版的「中年女性的二度青春」，給了我思想上很多的啓示，也有很多慨嘆。如果早幾年我看到這本書，而我那位鄰居朋友也能看到這本書，也許她不會自殺了。人的思想有時候是需要有人開導，需要糾正的。所謂一言驚醒夢中人，大概就是這個道理。

我曾拖著一輛滿載感情與責任的篷車，在人生的旅程中默默的往前走，經歷過驚濤駭浪，面對過狂風暴雨，嚐過了黑暗的孤獨，也曾在綠茵如錦、風光明媚的曠野漫步而行。一站復一站，一程又一程，就這麼渾渾然的向那生命的盡頭走去。暮然間，發現視野越來越遠，而書報反而越看越模糊，白髮越拔越多，嘴巴越來越喜歡嘮叨，這才驚覺到，自己在這條人生的道路上竟然走了五十年。

五十年，一生已去了大半，該歇歇了。面前是一片美好的地方，西諺有云：「四十歲是青春的暮年，五十歲是老年的青春。」那麼，我仍有一個絢麗的青春，我希望好好的享有它。我有條件也夠資格放下重擔了，這該是人生的另一個轉捩點。面對佳境，卻又定不下心來，偏偏有那麼多放不下的憂慮，叫人心離神往。時常都有不知何適何從的矛盾心理。

有這種情形的朋友不少，似乎每個做母親的人都有一股欲舒無由鬱結之氣，把心境攪得複雜不堪。我那位去世了的朋友情況更甚，五十多歲的盛年，丈夫兒女都自愛上進，也有了孫兒，環境相當不錯，朋友們都羨慕她，認為那是她一生努力換來的佳境，應該是最幸福最快樂的時候。結果，她由美國探親回來，自殺了。實在令人想不透，是什麼因素造成這種心理狀況？夫妻間的問題不會嚴重到如此地步，因為已經共同過了幾十年，再不如意，再看不順眼的習慣，都會看成習慣了。再說夫妻感情不好，大多會寄託於兒孫身上，沒有兒孫的，也會安排自己的晚境，找其他的興趣，所以說，真正令人傷心的，還是兒女問題。有兒女而和兒女合不來，才是椎心之痛。夫妻是配偶，配不好，怨命。兒女是自己親生的骨肉，多少心血放在上面，如果不好，的確夠叫人痛心的。不過也犯不上走極端，那是女人最愚蠢，最悲哀的行為。

看了這本「中年女性的二度青春」，特別是書中的第五章，討論子女孫輩的問題，它確確實實的能幫助我們打開思想上的瓶頸，心裡會有很多瞭悟。它讓我們瞭解做一個現代母親，祖母或外祖母的立場，只要不認為完全錯在兒女，問題就容易解決了。我們這種年齡的女人，新舊觀念都有，但以舊觀念為重，這就容易造成一種不能適應的現象。往往主觀強的人以為自己的作法完全正確，現在的看法必然也正確。殊不知時代不同，觀念也不同，從前沒有人干涉計較，家中事完全自己做主，而現在卻很可能往一條錯誤的方向走去，這種不自知的錯誤，給生活上帶來了無盡的困擾與痛苦。光是做錯還可以彌補，如果是思想錯了，凡事都會鑽牛角尖，後果就不堪設想。往往就這麼痛苦下去，終至不可收拾。

幸而這本書讓我們認清自己的立場，它在我們情緒陷在痛苦邊沿時，及時拉一把，給我們有回頭的機會。書上說的，都是很平常的事，根本沒有考慮是對是錯的必要，但是只要一分析，就知道自己所做所想是錯了，正所謂當局者迷。一些很小的事情，如果別人不說，自己常常無法想像得到。

書中各章，如保健之道，婚姻的新境界，休閒，工作等等，雖然報紙雜誌上時常看得到，但這本書有較獨特詳盡的見解說明，對生活很有幫助。特別是關於獨身女性的問題，見解精闢扼要，值得一讀。

介紹一本書的好處，應該是以讀書人受益的程度而言。我個人認為，如果對這本書所提到的方法善於運用，是可以享受二度青春的。如果仍舊固步自封，一意孤行，那就是死路一條，只好鬱鬱以終了。

新生報副刊（民國六八年十二月二日）

兒童彩色世界

能和孫兒孫女們共度童年，是生命中最大的福氣，我不但享受了三代同堂的福份，還可以進入孫輩們的彩色世界裏，分享他們的快樂。多年來與他們相處的體驗，發覺他們對玩具越來越缺乏興趣，再好再昂貴的玩具，也只是一兩天的熱度，他們仍然是喜歡畫畫，可以整天都沉醉在畫畫裏，連剛剛會走路還不會說話的小娃兒，也裝模作樣的拿起畫筆在紙上亂畫，摒棄身邊彩色繽紛的各種玩具，而且還畫得十分入神。孫兒們喜歡畫畫是件可喜的事，總比沉迷電視機、錄影機好。問題是他們畫來畫去都只會畫機器人和恐龍，什麼雷龍、噴火恐龍、震地龍、烏龜恐龍等等，名稱太多，畫出來的卻都是一樣的東西，他們說它是什麼它就是什麼。我經常被他們纏著一塊畫畫，卻恨自己無能力指導他們，教他們一些正確的畫畫技能。看他們畫得那麼與趣盎然，時常還會為誰畫的恐龍厲害請我當評判。於是想到不如讓他們去學畫畫，學一點正規的畫法，總比自己亂塗亂抹好。兒童繪畫班到處都有，他們的母親找到最近的一家讓他們去學習。幾個月下來，孩子們一無進展，畫的仍然是他們電視上看到的，或是錄影帶看到的那種他們最崇拜的恐龍和外星人。一打聽，原來他們這位教畫的老師很新潮、採取讓兒童自己發揮的方法，認為兒童應該有他們自由的發展，不要硬性的牽著他們鼻子走，以免壓抑他們創作的潛力。於是孩子們仍然用他們傳統的方法，沉浸在自己的彩色世界裏，每次畫畫回來，他們都興緻勃勃，因為老師誇讚他們畫得好，把畫留下來貼在黑板上讓大家欣賞，同時還會給他們一支鉛筆、一塊橡皮或是一塊泡泡糖作為獎勵。孩子的作品受到重視，自然興緻高昂，於是對畫畫的興趣更為濃厚。我對老師這種教法很不以為然，覺得還不如我在電視上學習劉與欽老師教得實際，劉老師用

一隻手作模型，而變化出各種動物，這種教法

雖然好像有點呆板，卻能讓人受益無窮，我就是這麼學會了，才能跟孫兒們打成一片的。可見電視的功能很廣。

最近，台視周一的公共電視推出兒童彩色世界，已播出四集，我覺得這個節目很適合我們全家的需要，它正好彌補繪畫班學不到的東西，那位主持人鄭明進老師已經有廿五年教兒童繪畫的經驗，第一集裏他是以動物園為主題，由觀察景物開始，再教畫筆的選擇和運用，一邊畫一邊講解，輕描淡寫的把一隻大象畫得十分傳神生動，看得我們很受用，認為這才是正確的教畫方法，也正是我們所希望孩子得到的指導方法，可惜時間太短，每次只有一點點教學示範，想學畫的人意猶未盡，這麼資深的一位教兒童畫畫的老師，如果能把節目製作成多著重教畫方面，縮小趣味兼欣賞作品上，相信不但對想學畫的兒童有益，就是時下很多開教畫畫班的老師，也可以得到幫助。近年來，兒童繪畫班如雨後春筍般蓬勃，大街小巷，大鎮小鄉到處都有，究其原因，完全是因應社會的需要。曾經有一句話：學琴

的孩子不會變壞，事實上也的確如此，能夠學琴的孩子，表示有家人關懷，孩子只要有人關懷，大多不會變壞，變壞的孩子多半是缺乏家庭的溫暖，或是家庭管教不當，孩子心態不平衡，才會向外發展，才會受環境污染而變壞。所以有些家長要孩子學琴，多少有點拴著孩子的作用。學琴有很多好處，可是學琴也要有學琴的條件，每個月起碼一兩千元的學費，和一筆為數可觀的置琴費用，也不是每個有孩子的家庭都能夠負擔得起的。而且，學琴比較嚴肅，孩子們經常會受到老師的責罵，有的甚至會挨打，如果不是孩子本身有興趣，光憑家庭督促老師負責也沒有用，孩子會感到枯燥乏味，所以有些孩子學了琴卻變得沉默，看來似乎不快樂。而且，現在的公寓住家，孩子每天練琴的聲音不但會影響家人生活，更會妨礙鄰居安寧。所以，孩子學琴雖然是很多家長所希望，卻始終不能普遍打入每個有孩子的家庭。

同樣的，學畫的孩子也不會變壞。孩子喜歡畫畫，問題就簡單輕鬆很多。同樣是培養孩子的興趣，家長可以就自己的能力與環境和孩子的性向作選擇。我留意觀察過很多家庭，像我家那種情形的占多術。幾乎每個孩子都有畫畫的天賦，而家長們也都樂於給孩子們買琳瑯滿目的畫筆畫具，孩子們有了工具，大都能安安靜靜的陶醉在他們的彩色世界裏。因為畫畫有成就感，孩子可以隨時享受自己的傑作，儘管畫得四不像，不知所云，他們也會自鳴得意的到處炫耀，那份天真滿足的神情，才是真正的快樂童年。做家長的每個月再花個三五百塊給孩子去學畫畫，讓孩子培養更高的樂趣，孩子就能安安靜靜的待在家裏畫畫，而不會到外面去學壞。就這樣，繪畫班應運而生，大行其道。

基於以上的原因，我祈望台視這個兒童彩色世界節目，在鄭老師教導示範下，能提高某些繪畫班的水準，讓所有喜歡畫畫的孩子受益，孩子和他的家人也能受益。

是兒童的彩色世界，也希望是我生命中最足珍貴的彩色世界。

欣見吾兒

——由柔弱變成剛強

參觀了陸軍官校回來，心中才真正如釋重負。

六月中，陸官校校慶，我以家長的身份，被邀請參加盛典。六月的南部天氣，太陽像火球一樣壓在頭頂上。我穿著輕便的服裝，手裏不停的揮著扇，坐在有遮陰的參觀台上，仍覺暑氣逼人，燠熱難受。而那些學生們，個個全付武裝，精神煥發，一個個雄赳赳、氣昂昂，肅立在驕陽下等待閱兵。我的孩子就在其中，他如何能挺得了？真擔心他會倒下去。讀中學時他最怕晒，一晒他就眼睛發黑，頭重腳輕。

盛大的閱兵後，跟著是各種體能表演，每個人的技巧都是如此的純熟，體魄壯健，動作整齊，我知道我的寧兒不會參加這些項目，因為他身體不夠結實，現在可能已經挺不下去了。我握著一瓶白花油，真想馬上送去給他。

中午大會餐，幾千人濟濟一堂，場面之偉大，我還是頭一次享受到，內心既興奮，也激動，但心裏還是掛念著寧兒。不知他現在怎樣了。午餐後，寧兒興沖沖的來了，精神奕奕，說是奉校方命陪家長各處參觀，看他步履輕鬆，談笑依舊，問我剛才分列式通過司令台時有沒有看見他？對他的制服欣不欣賞。看他滔滔不絕，毫無倦容，我本想找個地方彼此先休息一下，他卻認為不要錯過參觀的機會，把我們先帶到圖書室。我像劉佬佬進了大觀園，處處都顯得雄偉、壯觀。

圖書室是大理石地面，有冷氣裝置、座位舒適，藏書何止萬卷，難怪孩子寫信回來說單是圖書館就夠他四年享受了。由圖書館而校史館，而科學館……最後來到黃埔湖畔。我實在走不動了，而寧兒像往常在家裏飯後散步一樣的輕鬆，指東劃西。若在往常，在臺北市西門鬧區，他轉兩圈就要坐計程車了，現在，才短短不到一年的時間，真不知學校是如何把孩子訓練得如此堅強，實出我意料之外。

兒子自己決定要讀軍校時，我們還叫他再三考慮。並不是我們捨不得兒子讀軍校，而是他的性格太柔弱、太溫順，在家裏是個聽話的孩子，對弟弟們友愛，從不耍大哥的威風，老師同學也都喜歡他。他如此純良，像溫室裏培養出來的花朵，從未經過風霜雨露。我怕他不能適應嚴肅的軍校生活，我怕他吃不了苦，我怕他趕不上理化數學課程。現在看孩子的表現，每次由學校寄回的成績，和對學校的一切管教設施，都感到非常滿意，慶幸自己選擇的正確。我內心有說不出的高興。

我並不是有意讚美自己的孩子，而是覺得做父母的，有時會對孩子有不必要的憂慮與顧忌，有時孩子們適應環境和創造環境的潛力，不是我們做父母所能想得到的。

我不憧憬著孩子將來如何成大業，如何出人頭地，那些都不大重要。

我只希望孩子目前的表現，能令師長同學父母滿意，自己也生活得快樂，把他從小不自私和謙讓的美德，從我們這個小家庭帶到他現在的那個大家庭去。對師長的訓誨，就像父母對他的訓誨一樣樂意接受。對同學間偶有不快時，就像對自己親弟弟一樣，要諒解寬恕，這就夠了。相信他一定能做得到。我深切的祈望著。

知足常樂

臺北基督教女青年會舉辦二十一世紀新女性專題演講會，我非常榮幸的被邀請去講一場「自求多福」。當我收到蔣徐乃錦女士的邀請函時，感到十分慎重和緊張。

我原以為一個作者的任務就是寫作，對社會的任務就是作品。不知道什麼時候開始流行寫作的人要由書桌移上講台，我一直抱著不以為然的態度，認為有拋頭露面的委屈。感覺上，現在的人真懶，連看書都懶，只想坐享其成，不費眼力腦力就可以享受寫稿人的作品。而寫作的人，在無可奈何的心境下，只好勉為其難的上場以做秀的心態滿足讀者了。現代的讀者真幸福，看作品還可以聽其聲看其人，真材實料如假包換的擺在眼前任憑批評鑑賞。現代的作家好神氣，也好可憐。

我理想中寫作人的生活應該是：有一個屬於自己無人打擾的閱讀寫作環境，寫出來的東西有人代為處理，有幾位知交朋友，可以無拘無束的隨便聊天抬槓，做幾樣小菜暢飲幾杯，興之所至，還可以摸幾圈。可以到處旅遊，開拓人生境界，進入心儀作家所寫的境界裡，自己去體驗一番和求證事實。而現在，理想與事實有點相違，不欣賞上台而自己又上台。不過，生為現代人，既然潮流如此，人要自求多福，在人生的舞台中，能夠嚐一下上台演講的經驗，有什麼不好呢？任何事情嚐過了才會體驗，才會滿足。知足常樂，這也算是我的人生哲學。

我沒有演講的經驗，完全是一隻被趕上架的鴨子，在無法再推辭的情形下才答應的。那天，我懷著如履薄冰的心境，來到女青年會七樓大禮堂。而蔣徐乃錦女士已等在會場門口，說抱歉因有事不能陪我，太客氣了。

前一天，因為擔心會怯場，特地打了個電話向邱七七大姐求教，承她電授機宜：

「……到了會場的時候，先深深的吸一口氣，再慢慢的走進去，向講臺走去，一邊走一邊向來賓點頭、微笑，就不會緊張了……。」

聽起來似乎很簡單，我原以為是大家圍著坐自由討論式的演講，到了會場才知道不是那麼一回事，主講席高高在台上。我馬上照著邱大姐的指示深深的吸一口氣，果然有效，不知不覺就坐上主講席，兩位主持人也陪我一塊坐在臺上，心中大為安定。

兩位主持人，一位是女青年會副總幹事聶浮萍，一位是文化大學副教授馮定亞。定亞的弟弟馮定國和聶浮萍都是我么弟的同學，他們讀書時代就常到我家玩，十幾年的老朋友了，才會有今天被趕上架的心情。浮萍因為要去美國開會兼進修三個月，請定亞為我主持這場演講會。定亞有豐富的臨場經驗，加上我們原有的情誼，再忙她也答應了。不知道為什麼？浮萍還是放心不下，一定要親自趕我上架，把已定好的機票（和演講會同一天）延後一天，所以才會有兩位主持人的場面。這是我的福氣。

面對來賓，聽著主持人介紹時說盡好話的心情，面頰一陣陣發熱，感到好尷尬。

很多人演講都帶有講稿，我當然也預備了一份，因為要換眼鏡才能看得清楚，很不方便；所以我又寫了張字體較大的便條，把綱要列出來，萬一到時緊張過度說不下去時才用講稿，否則照提綱講就好。這是一件毫無經驗的嘗試，誰知道會有什麼狀況？頭一次正式上台演講，一點把握都沒有，正所謂是走著瞧了。好在我所講的內容，都是婆婆媽媽日常生活中的瑣碎事，沒有章法可循，我打算用隨說隨舉例的方法比較容易進入狀況。

經過了幾秒鐘穩定情緒的閒話，真正的「自求多福」了。

我先向來賓抱歉，請大家包涵我不正確的廣東國語，雖然已經不會把「鞋子」說成「孩子」，但我仍然會把「大白菜」說成「黃芽白」，講話的人最擔心就是不小心荒腔走調讓人會錯意，那就太失禮了。

我的講題是自求多福，就是知足常樂，說得更坦白一點就是自己找樂子。

福，很難有一個定義，怎麼樣的人才是真正有福的呢？很難有一個準則，完全是看個人的感受而定。人們常會在一念之間肯定福或是否定福，差別很大，幾乎無法用常情去理喻。所以，一個不會自求多福的人是很難掌握福氣的。時代在改變、社會在改變，以前那一套倫理道德人際關係也逐漸在改變，所以，我們的人生觀念生活方式也該有所改變，才能跟得上時代潮流，否則，只有自尋煩惱，甚至陷入苦惱的境地而無法自拔。

人的個性不同，環境不同，所以對福的感受也不相同。儘管大家都知道也承認現在的生活物資比以前好太多，但是經常還是看到怨天尤人不滿現狀、事事不順心的人，他們把一切不順心歸咎於社會不良和家人變質，很少人感覺出自己已經擁有的福份。如果翻開報紙或打開電視，多注意些社會國際新聞報導，戰爭、饑荒、災難，就會發現自己其實已經相當有福氣了。

知足常樂，一個人一定要知足才會有感恩之心；有感恩之心就會產生愛意；有愛意就會有關懷；有關懷心境的人才是有福氣的人。

以前有個露西劇場，露西就是一個典型自求多福知足常樂的人。有一次她遇上一件傷心事，正在哭泣的時候，碰巧來了一位愁眉不展的朋友，打聽之下，發現那位朋友的狀況比她更糟、更該哭，她馬上不哭了，剎那間，忘了自己的傷心而同情起朋友來，心境也一下由頹喪變成關懷。很快的，她又開朗起來了。她這種人與人之間充滿同情與關懷的個性，給她帶來無盡的福氣。

近年來，越來越多破碎的家庭，都是家人太自私，缺乏互相關懷所造成。

兩位主持人都提到在我家作客看到我們一家人打麻將的情形。既然已經說出來了，我就順水推舟，我說我要為麻將討回一個公道，引得全場大笑。事實上，麻將的確有它好的一面，尤其是老年人玩牌更好，因為打麻將像下象棋打橋牌一樣要用腦筋。用腦的老人不會得癡呆症，而洗牌的時候手指神經末梢運動，加上兩肩前後左右擺動，的確很好。再加上必需四個人才能玩，有朋友聊天也不致於寂寞無聊。我的兒媳都會打麻將，聚齊的時候湊成兩桌，一家人濟濟一堂。玩牌同時也可以喝茶飲酒聊天聽音樂。我們一家人只要有機會就相聚在一塊，找共同的娛樂，打牌只是其中的一種，旅遊、野餐、吃小館子，有時還邀請至親好友參加。家人是需要相處的，唯有相處才會產生感情，有感情才會互相關懷。家，也需要自求多福的。

原以為演講是一件嚴肅的事情，沒料到氣氛會那麼輕鬆愉快，好幾位來賓也上臺說出自己的感想和經驗，為這場聚會留下最精采的一段時光。

感謝定亞為我主持還叫學生一定要找一束美麗的玲蘭送我，感謝好友彩珠送我一大盆玫瑰。更感謝趙主委親手送我一束花，這是我生平第一次接受獻花，受之有愧。

浮萍小聲告訴我：「沒想到會有那麼多聽眾，我們臨時還加了桌子呢，我好高興。」

我也好高興，有兩位好朋友的主持協助，總算過關了。

幾天後，忽然又接到臺北延平扶輪社的邀請，要我到他們一年一度慶祝母親節擴大餐會上演講，講題是「中國傳統家庭與夫婦相處之道」。地點在希爾頓四樓。

和我聯絡的許先生是德國拜耳藥廠代理人，也是這次的主辦人，他說那天碰巧聽了我的演講，很受感動，才想到請我演講的，他並說我可以請一位朋友去。於是我請了嶺月，因為是母親節慶祝會，可能會用上臺語，請她比較合適。

凡事有了第一次就無法拒絕第二次，我只好硬著頭皮上場。我和嶺月按時到達希爾頓，許先生已在門口等候。那天的餐會更隆重，中外來賓都有。

那天的反應更熱烈，有位律師走到台前，自稱辦過無數婚姻案件，當場要我答覆外遇問題。因為今天的題目是夫婦相處之道，我就以自己的親身經歷說；我曾要我先生戒煙，各種方法都無法戒掉，看他那麼辛苦，心甚不忍，於是我也抽煙了，從此不再提戒煙的事，皆大歡喜……。他問我外遇是否也可用這種方法？我笑著說，我們出發點是愛，你的出發點是報復，不同的。他似乎滿意我的答復。嶺月笑著説，想不到我們今天接受挑戰了。

最讓我感動的就是許先生拿著我的書，上臺當眾念我的小説「大雷雨」中的一段。然後説：「從今以後，我對教育子女要改變方法了，如果將來我的孩子會孝敬我，我會永遠感激侯楨女士。」要感激的是我，他讓我感到無上的光榮。

散會前，有位社友剛由國外回來，由機場直接到會場，帶來白蘭地一瓶當場義賣、結果，由洪會長買下當場送給我，更令我感動不已。一瓶酒不算什麼，但是在那種場合，那種氣氛下獲得，感覺上和幾年前上臺授獎一樣的令人興奮。

我深深的體會到，一個人只要常懷感恩之心，知足常樂，福氣會永遠伴隨著你。

音樂的冥思

臺北市夜幕已低垂，國家音樂廳裏的燈光漸暗。

今晚，我又一次十分幸運的坐在觀眾當中，享受兩三個小時的音樂盛宴。

今晚的節目是烏拉圭國寶級吉他大師卡雷巴洛的演奏會，國歌透過麥克風莊嚴沉著雄壯的拉開序幕，音響效果非常宏偉，每個節奏都扣人心弦。全場肅穆，我又開始激動了，只是，我有一點點失望，我還以為今晚的吉他演奏會，會像上一次西班牙吉他大師葉貝斯的演奏會一樣，有交響樂伴奏呢！

在國家音樂廳裏，我聽過好幾場由聯合實驗交響樂團演奏的國歌，莊嚴穩重、氣魄磅礴，每當國歌響起，我全身的血液加速流動。有一次，坐在我身旁曾經擔任過海軍官校鼓號樂隊指揮的甦弟小聲的說：「我從未聽過這麼好聽的國歌，原來我們的國歌這麼好聽，單聽國歌演奏已值回票價了。」那天是祖賓梅塔的指揮演出，票價一張千餘元，還得凌晨四點去排隊呢！

正所謂工欲善其事，必先利其器，有一流的場地、一流的音效設備，才能請到世界一流的演奏家，才能展現出一流的音樂水準。

台上的演奏已開始很久，神態肅穆的卡雷巴洛正穩重熟練的展示他獨創的演奏技巧。時而驟雨傾盆、雷霆萬鈞之勢，時而微風輕飄、斷斷續續若遊絲。觀眾們聚精會神、屏息靜氣的欣賞著。

今晚，我一直無法集中注意力，隱約中，上次西班牙吉他大師葉貝斯在台上演奏的情形又出現眼前。那天，大師選的演奏曲我熟識，很快就能引起共鳴，越聽越覺韻味無窮。他神乎其技的把曲子詮釋得非常美妙傳神。以前，我只聽過他的唱片，看過他演奏的錄影帶。現在，大師就在面前，而且親自為我們演奏，怎不令人如癡如醉、如夢如幻……。雖然我有二十年聽古典吉他的歷史，今晚我才知道，自己聽過的、聽得懂的吉他曲子實在太少了。

今晚，我聽而不聞像個傻瓜似的瞪著台上出神。不知不覺，又出現四十幾年前在廣州市中山紀念堂第一次聽交響樂演奏的情景——那時候，我還是一個十八九歲的少女，戰後的廣州剛由滿目創痍逐漸恢復，到處一片昇平景象，戰後的社會很需要歌舞片來振奮人心，那時候中外歌舞片蓬勃、少女時期的我，不願再為賦新詩強說愁了。每日沉醉在電影裏，電影中的插曲更令人著迷。

忽然有一天，我心目中博學多才、外型儒雅而帶點孤傲的堂兄問我要不要到中山紀念堂聽交響樂演奏，我對交響樂一無所知，他說聽了就會懂。

我清楚的記得，那天我慎重的穿了件僅有的旗袍、懷著慕道的心情進入雄偉壯麗的中山紀念堂。堂兄似乎有意要我增長知識，他先要我留心看中山堂宏偉無柱的新穎建築，而後耐心的為我解釋交響樂的結構，如何分辨樂器、辨別管樂和弦樂的聲音、如何注意指揮的手勢……。正是：聽君一席話，勝讀十年書。

從那時候開始，我似乎一下成熟了很多，我會留心聽電影的背景音樂，更會留心音樂中樂器的表現。

可惜，那種機會太少了，只有那麼一次而已，而且，還虧得那天在中學任教的堂嫂有事無法陪他去，否則還輪不到我呢！

就這麼一點機緣，開啓了我對交響樂的興趣，引導我走入盲目摸索的音樂世界中。

更可惜的是，如詩如夢的少女生活剛開始，廣州市又開始動蕩不安，人心惶惶，我在匆促中決定離開廣州市，離開前夕去向他辭行，他夫妻正在吃晚飯、一小碟豆芽菜，半個鹹蛋。他聽我有遠行，有點意外，因為全家只有我一人離開。他披了件衣服、默默送我到車站，神態帶點憂鬱的說：

「幸福只能靠自己創造，自己的理想要堅持，要……。」

看他欲言又止，我不知道他還想說什麼？他的手插在褲袋裏動了一下，沒有伸出來，似乎有什麼要給我，或許他不好意思拿出來。或許是他的習慣動作，記得他結婚那天在廣州法政路德奧瑞同學會裏舉行茶會，他和堂嫂合唱一曲夏日最後的玫瑰，當時他就是一隻手摟著堂嫂的腰、一隻手插在褲袋裏，風度好優雅。另一次聽他唱教我如何不想他，也是一隻手插在褲袋裏，仰首向天，神態則帶點落寞。

十九歲的我，初嘗離愁，腦海裏卻依然充滿音符、小說、夢幻。當時遺憾的是暫時無法和他再去聽一場音樂演奏會，無法聽他解釋交響樂的知識了。

誰會料到當時的暫別，會超過四十年，而且，還是永別了呢！

臺灣四十幾年，由逆境到順境，音樂一直是我最好的朋友。早年在國際學舍聽樊燮華上校指揮示範樂隊演奏貝多芬的命運，至今仍留下深刻印象。那時候，聽軍樂演奏的機會比較多，那段時期，我喜歡蘇沙，他的進行曲讓人精神振奮，讓人的生命充滿朝氣。

歲月悠悠，由當年在廣州市中山紀念堂聽交響樂的興奮，到現在有了碟影機，可以把交響樂團請回家去欣賞的富裕，我感到好滿足。

開放探親後，在大陸上，我唯一急著想見的親人就是那位堂哥。我一直沒有忘記他欲言又止的神情，我要謝謝他當年無意中給我在音樂上啓蒙的影響，我要讓他知道我已努力的創造了幸福，因為，我對自己的生活方式要求一直很堅持。我要送他一部好音響，我還要……。

我與沖沖的回到故鄉，驚然聽到堂兄已經去世了。

可憐，他這一生非常的可憐，幼年喪母後父親再娶，他留在鄉下孤獨的過了一段淒涼歲月，靠自己爭氣、努力自修、力爭上游，才能在社會上爭到一席之地。抗日戰爭，投筆從戎，參加了青年軍，戰爭結束回到廣州找到一份起碼工作，尚且好景不長，解放後被鬥爭，因為父親是黑五類，在博羅接受勞改，釋放後下放回鄉，在梅縣鄉下當赤腳醫生維生，身體一直不好，長期營養不良，油盡燈枯，死時骨瘦如柴。堂嫂也去世了，她的身體也不好，似乎得了什麼絕症，堂兄由勞改到下放，她一直留在廣州獨力照顧兩個孩子，夫妻倆各自分開生活，直到去世。

一個在孤寂困苦中成長，滿腔熱血，胸懷大志的青年，歷盡人間磨折，貧病交加，孤寂的鬱鬱而終。

苦難的中國沒有給他多一點點快樂。

如雷的掌聲把我震醒，一陣陣、一波波，排山倒海般四面八方襲來，若非身歷其境，很難想像觀眾激昂熱烈的情緒。

兒子也起立拼命的鼓掌，我小聲的問他：

「你剛才不是說曲子好生澀，也聽不懂嗎？為什麼拍得如此熱烈？」

「在這種情形下，不拍手行嗎？豈不是自認是個附庸風雅的門外漢了。」

聽眾真可愛，掌聲久久不散，我發覺自己手也有點麻了。

走出音樂廳，臺北市的夜空被高樓大廈的燈光掠奪了。仲夏夜的天空失去了光芒，仰望天空，找不到那粒屬於堂兄的星星。

我深深的吸一口滲有汽油味的空氣，還要開一個多鐘頭的車子才能到家，家住龍潭鄉下，鄉下的燈光暗淡，可以找到那粒星星。

時光的腳印

「如果時光能夠倒流，我一定……。」
「如果時光能夠倒流，我希望……。」
「如果時光能夠倒流，我可以……。」

我沒有這種想法，一個在沙漠中徒步旅行的人，不可能會想到再走一次來時路，不管那條路是否漫長，都已經過去了，現在已經進入佳境，逝去的時光我不會惋惜，因為過去的每一步路我都走得很踏實，時光為我留下甚好的腳印，我心中充滿感謝。以後的歲月，我只要朝著前面的方向繼續走下去，我就心滿意足了。

人生的境遇很奇妙，常常有意想不到的事情出現。福氣加上緣份，我竟然會到中正理工學院擔任文藝寫作社指導老師的工作。據說，是青年寫作協會司馬中原先生推荐的，緣因是我家離學校近，上課比較方便。

說到近，也許真是注定的緣份。

很久很久以前，我在這裏找到一塊茶園，當時只是把它作為與離開部隊的同鄉客旅謀生的地方。之後，中正理工學院在這裏建新院搬遷過來。之後，次兒考上中正理工學院，我曾以家長身份多次到學校參觀。次兒畢業後，一晃十二年過去，連他自己都少有機會回到學校，何況是我？所以，當我有機緣接受這份工作的時候，心中的喜悅可想而知。

那天在家裏見到文藝社的劉同學，他擔任社長職務，相談之下，原來他和次兒同系，相差十幾年，我忽然又看到當年次兒讀書時那張稚氣的臉，心中更為高興，我當時就許下心願，我要好好的為他們服務。

文藝寫作指導老師的工作對我來說，是件新鮮的事，能否勝任，現在還不得而知，不過，我是很樂意嚐試一下。

一個平凡的家庭主婦，在臺灣過了三十幾年風雨中寧靜的生活，寧靜中才能有機會寫小說，按部就班順其自然的活到今日兒孫繞膝，在含飴弄孫之餘，偶爾還能寫寫小說消遣，自認為已經到達生命的巔峰，也是生活的最高境界了。

我是一個知足快樂的人，心中充滿感謝，卻怎麼也想不到上帝對我尚有安排，竟然給了我這份具有考驗性的工作。已經到了望六之年，還能派上用場，人生的境遇豈不奇妙。

這幾年，我的日子過得很愜意，老伴退休後，生活不必上發條，悠哉遊哉的林下生活，不必為排遣憂愁而傷神，算得上是幸福人生了。人在幸福中很容易變得懶散，加上我原是個隨遇而安的人，從未想到要刻意去追求什麼，做些什麼。人到暮年，隨心所欲享點清福也是人之常情，我自己不覺得有什麼不妥。倒是幾位愛護我關心我的親友師長們，不時的來信督促。我也知道勤有功戲無益的道理，卻就是提不起幹勁，歲月不饒人，幹勁已隨時光遁去了。

現在，忽然有份工作要我去做，雖然是一個星期只有兩個鐘頭的工作，卻也讓人一下振作起來，立即強迫自己放下已經認為是無關重要的事情，要以認真的態度做這件工作，我必須要全力以赴，藉機策勵自己。活到老學到老，教學相長。寫讀原是我早年夢想的人生境界，現在，我又要開始另一次順乎自然，隨遇而安了。

我沒有傳授知識的經驗，也不懂得教學的方法，只能把這幾十年看書的興趣和心得，以及由閱讀到寫作的經驗提供給同學們參考，並且介紹他們看幾本實用的好書，指導和鼓勵他們大膽的嚐試寫作，儘量幫助愛好文藝的同學進入文藝寫作之門。

老師只能帶進門，修行卻是靠個人了。

文藝指導的範圍太廣泛，每個人的興趣和根基又有所不同，既沒有規定的課程，也不會有一定的進度，完全視同學的需要而決定。同學們大多數喜歡寫新詩，拿了寫好的詩要我改，讓我慚愧；我最外行就是新詩，如果探討舊詩詞還好，既然同學提出，我只好在胡適的「嘗試集」中選印些我看得懂的，分給同學讓他們自己學習了。在未進入狀況之前，我想先介紹他們看書，由欣賞作品開始，比較容易提高進入文藝寫作的興趣。

書海浩瀚，讀理工科的同學，平時看課外書的時間較少，雖然有心嚮往文學，卻又有不知從何看起的困擾。所以，最初的選書很重要，無論是小說、新詩、散文，都必需要找文筆簡潔流暢的名家作品閱讀，一開始就要為自己訂一個水準，以後書一到手，才能鑑別作品的好壞，才不致浪費太多摸索的時間。

通常，在翻閱一本書的時候，先看看前面幾頁前言或序文，或是最後幾頁的後記之類的文字，對這本書的內容已粗知一二，是否合乎自己的興趣和需要很快就可以決定。這是我告訴他們到圖書館或是書店書展找書的方法。其次看書評也是最便捷的途徑，專家為你找出書的精華，再把意見告訴你，節省很多選擇的時間。但是目前臺灣的書評制度和風氣還沒有建立起來，沒有權威的書評，讀者就很難找到方向。這大概和中國人的人情味很有關係。

我個人看書的心得，受益最多的一本書是已故外交家董顯光博士寫的「萬年長青」，以日記方式寫成，為期一年，每日一篇，教人如何做人做事，養成自我督責的習慣，如何在逆境中修心養性，處困境而不餒、處危境而不亂，做一個堂堂正正光明磊落的中國人。因為這是一本中國人寫的「勵志文粹」、「荒漠甘泉」，把它作為格言，熟記後反復思考，對立身處世很有幫助，是一本教我們如何好好地生活的工具書。每一個愛好文藝的人都應該讀幾本有朝氣的書，胸中有了偉大的人格思想，必然能認清正確的人生道路。我最先把這本書介紹給文藝社的同學，希望他們和我一樣，享受本書作者高超不凡的智慧。

另外介紹了一本大地出版社丁樹南先生翻譯的「寫作的方法和經驗」，這是一本非常實用的寫作手冊，譯者選材非常生動，是世界一流作家寫作經驗的結晶，它不但談寫作，還有很多耐人尋味的論調，對喜歡寫作的人有非常貼切的建議和忠告。譯筆輕鬆活潑，篇篇都趣味盎然，有如面對作者，聽他們娓娓道來的親切感，完全不是說教條談理論令人枯燥乏味的書。雖然有人說愛好文藝的人不一定想寫作，但是如果學理工的人在愛好文學之餘，也具備寫作的能力，不是更好嗎？寫作也是一門藝術，學會了它，起碼將來寫論文、報告，或是情書的時候，可以得心應手。

第一天上課，我把這兩本書介紹給他們，還向同學講了一個最近在報紙上看到的故事，忘記了是清華大學還是交通大學新到任的工學院長劉兆玄博士，他中學時代就偷偷的寫武俠小說，筆名上官鼎。金庸對他的作品非常賞識，認為是臺灣夠得上水準的武俠小說。

金庸評上官鼎的時候，尚不知道他就是今日甚負盛名的劉兆玄博士。劉博士說，他寫武俠小說的功力來自他的母親，他母親是老師，從小教他背誦古文學，每有自己讀到的好作品就要他們兄弟背誦，奠下了他的國學根基。基礎打得好，其他事做起來也得心應手。

海明威在他給青年人的信中也指出：

「……我認為家庭是人類文明中最深遠的學校，家庭是造成人的性格的第一個；也是最重要的一個學校。每個文明人都是在家庭裏受到最好的；也許是最壞的道德教育。」

所以，一個人如果不幸從小沒有承受家庭的照顧，則更應該打好文學基礎。將來成了家，讓孩子能承受良好的家庭教育，對自己來說，亦是一種缺陷的彌補。

一個愛好文學的人，應該要懂得享受各方面的生活樂趣，方不致有負此生。

我個人就是如此，因為有書籍滋潤我的生命，所以活得十分豐富。

時光為我留下的腳印是那麼的美好，我會珍惜這份福氣。

婆媳緣

緣，一切都是緣。

十年間，有三位與我毫不相干的小姐闖進了我的生命，而且註定在以後漫長的歲月裡，我們會漫步同行，相依伴，相扶持。

十年前，一位與我完全不相干的小姐首先加入我們五口之家的家庭，成了我的媳婦。她和我長兒生的孩子，是我一脈相傳的骨肉，她延續我的生命，我們有了親蜜關係，很自然的，我們成了一家人。

兩年後，另一位與我不相干的小姐又加入了我們的家庭，成了我的次媳，她和我次兒生的孩子，是我一脈相傳的骨肉，她一樣延續了我的生命，我們有了親蜜關係，很自然的，我們成了一家人。

緊跟著，四個孫兒女相繼來到我們的家庭。幾年間，家裡人口增加一倍多。兩房媳婦住在一塊，三代同堂的人生境界終於實現。在以前農業社會，這種情形不算什麼，但在現代的社會裡就不多見了。我們原本只有五口的家從此變得更為熱鬧。

兩年前，又有一位與我不相干的小姐加入我們的家庭，成了我的幼媳，她和我么兒將來生的孩子，亦是我一脈相傳的骨肉，我們會有親蜜關係，她一樣會延續我的生命，很自然的，我們成了一家人。

上帝從中安排，一切都是註定，就像當年我和他……。

我不迷信任何宗教，但我相信在浩大的天空裡，一定有一位主宰一切的神。祂待我寬厚，祂賜我奇妙的人生境遇，讓我擁有三位投緣的媳婦。

目前，我與兩房兒媳兩個孫兒住在龍潭鄉間。次兒因工作關係仍住高雄，我與老伴經常去高雄小住，主要是去看那一雙能夠讓我牽腸掛肚的小孫兒女。幾乎每個月，高雄的兒媳都會帶孩子回來與家人團聚，感覺上，我們仍然是一個相連的大家庭。在家裡，我們不需要分配工作，現代的家庭，一切都是電器化，家務事原已不多，看到什麼就做什麼，大家搶著做，反而變得無事可做了。沒有人認為做多點事會吃虧，這就是真正的一家人。只要有機會我們經常旅遊，任何育樂的事我們幾乎都全家出動，我們培養了共同的樂趣，人多熱鬧，這是大家庭的好處。

記得兒子們還小的時候，我就讓他們瞭解家裡的經濟情形，讓他們參予家庭問題，比方要購置些什麼，要建設些什麼，都會全家商量，雖然有些事情他們不一定懂，我只是讓他們知道，「家」，是我們五個人的，不只是屬於父母。父親賺的錢由媽媽保管，他們知道放錢的地方，要用的時候說一聲，自己去拿。從小我培養他們的自尊心、榮譽感、以及對家庭的責任感，小時候不自私的人，長大後自然一切以家庭為重。每個人都有向心力，家庭自然與旺祥和，就像現在的情形。

自古以來，婆婆兩字意味著權威、專橫、刁難、甚至惡毒。媳婦則讓人聯想到無奈、悲苦、乖僻、不馴等成見。兩種人幾乎公認水火難以相容。

在我們家裡，這種成見完全不存在，可能是因為我沒有做過大家庭的媳婦，沒有嘗過做媳婦的艱苦滋味。現在順理成章的做了婆婆，自然無法體會那種不合時宜的況味了。我認為一個家庭，氣氛最重要，有的夫妻喜歡吵架，家中人把吵架看成家常便飯。那種氣氛不好受，叫我熬一日都難，何況一生？

家人相處，需要雅量，雅量不是遷就，因為遷就不能解決問題，遷就本身就是一種痛苦。家人長久相處，怎能事事遷就？除非把遷就變成適應。既然是一家人，如果養成適應家人的短處，欣賞家人的長處，凡事只要能適應，就會在適應中體會到生活的樂趣了。

話說回來，要適應我的家庭還真不容易，外子好客愛熱鬧；一年到頭親戚多朋友多，逢到年節，更是熱鬧中的熱鬧，難為我媳婦能夠適應。已經十年了，十年婆媳相處，我們家的氣氛一直能維持得很好，我心裡明白，那完全是兒子們的功勞。他們瞭解自己家庭情形，瞭解父母個性，瞭解家庭需要，當他們找尋終身伴侶的時候，他們會先考慮父母生活問題，會先顧到家庭維繫問題，我知道他們確曾用過心思。與其說「瞭解」，不如說「愛」來得貼切，他們都是非常愛家庭的好兒子。

有人說我福氣好，娶到的都是合得來的好媳婦，有人說我媳婦命運好，家裡有個開明的婆婆。事實上，福氣命運都掌握在自己的手裡，只要多動點心機，多費點心思，福氣自然會跟隨著你。

做了十年婆婆，算得上資深，對於與年輕人相處之道，多少有點心得。我發覺很多年輕人不願與老人相處，主要是怕嘮叨。所以如果想與年輕人融洽相處，就要記住這一點。要他們做事情，只須把事情說清楚就好，至於如何做，讓他們自己去發揮。最要緊的是他們做事的時候不要在一旁指揮命令，那會影響他們的情緒、擾亂他們的秩序。如果他們沉不住氣回頂你一句，你就得不償失。很多事情我們只是有經驗，但方法不一定對。不如多欣賞、欣賞，是最聰明的作法，偶而稱讚兩句，以後就會成為受歡迎的人物。何樂不為。

么兒成婚後，心事已了，我和老伴都有同感，兒子們已經成家立業，我們的責任已告一段落，可以告慰祖宗了。前年除夕，在我們全家都認為應該這樣做的情形下，我們慎重的立了個祖宗牌位，作為我們家庭的精神重心。

在臺灣三十幾年，每年除夕，我都敬備三牲，外子臨時寫張祖宗牌位，率領全家恭恭敬敬的向天遙祭祖宗，雖然誠心誠意，總有點簡陋的感覺。立了祖先牌位，全家都覺得這才像個中國人的家庭。

我十分慶幸有三個與自己思想看法相同的媳婦；想法一致，生活就不會起衝突，就可以永遠融洽相處。修到了這種福氣，心願足矣！

節儉的婆婆

因為搬家，頭幾天一切均未就緒，只好在巷口的小飯店吃飯，這家飯店價錢公道份量足，我們一家四口，吃麵吃飯一百元就可以解決一頓。我發現附近很多家庭都不開伙，三餐都在這裏解決。尤其是早上六點就開始營業的自助餐，可以自己帶飯盒去裝，五元白飯，五元滷蛋或煎蛋，十元醬肉，或炒肉絲青菜，二十元可以裝一個便當，經濟實惠，自己也未必做得出來。經過全家同意，我們也不開伙了，丈夫樂得不清理廚房，我樂得不用買菜煮飯，皆大歡喜。

大約兩個月後的一天，在屏東居住的婆婆突然來看我們的新居，當她巡視過房子後，大大的誇讚我：

「……光看廚房就知道你是一個能幹勤快的主婦，要上班，要做家務，還把廚房收拾得這麼乾淨，真難得……。」

我愧然的望著婆婆，靦腆的說：

「我們沒有開伙，所以廚房很乾淨。」

婆婆訝然的瞪著我：

「沒有開伙？那你們一家大小吃什麼？」

我只好把實情告訴婆婆。婆婆一邊聽一邊搖頭縐眉，停了一會，才諄諄然的說：

「我知你上班辛苦，但是我還是希望你自己開伙的好。不開伙，冷鍋冷灶的那像個家？你剛才所說的經濟實惠，我看不見得，我計算了一下，連早餐在內一天要兩百多元，一個月就得花七八千元。而你們所吃到的，只是極有限的肉類和粗糙的菜飯。如果自己做，每天一百五十元的菜錢，包括米在內，保證質和量都比外面吃得好，再把油鹽醬醋燃料加進去，一個月有五千元夠了。你每月起碼可以省下兩千元，兩千元不是個小數目，居家過日子，一定要精打細算才好。而且，一家人在自己的家裏自己的飯桌上，享受你下班回家匆匆做出來的飯菜，那份溫暖，不是外面吃得到的。你每天花一個鐘頭在廚房，你會有意想不到的收穫，值得的。俗語説吃不窮穿不窮，不會打算一世窮。你現在有了孩子，轉眼他們長大了，但仍然會需要你的扶助，你現在不節省點，將來拿什麼來幫助他們？……」

婆婆的心意我明白，她以公公那一份微薄的薪水，勤儉持家，把積蓄幫助幾個孩子成家立業。我們這間公寓就是得到婆婆的資助才買的。婆婆語重心長，她沒有指望我們回報，卻要我們為孩子著想……。我忽然覺得好慚愧，好慚愧……。

婆婆幫我把開門七件事料理停當，又匆匆的回去了，她要回去照顧公公，公公仍在上班，家裏只有他們兩個人。

每次我們回去，婆婆都宰自己養的土雞給我們吃。逢年過節大家回去團聚，必定可以吃到婆婆包的粽子，蒸的年糕……。而我的孩子，我連飯都懶得做……。我慚愧得無地自容，我向自己發誓，以後一定要學婆婆的勤儉持家，我要我的孩子也像他們的父親那麼幸福……。

福壽全歸

老太太終於辭世了，福壽全歸。

説終於，是因為老太太已臥病一年多，完全失去知覺的睡了一年多。據説，大腦死亡失去知覺，就等於去世了，所以……。

兩年前的夏天，廣東蕉嶺籍的李老太太，和她那結褵五十年的老伴，快快樂樂十分幸福的度過了七十雙慶及金婚大禧，正打算接受兒女的安排，到東南亞各地探親訪友，比翼遨遊。手續辦理中，誰料晴天霹靂，一向健康絕少生病的老太太突然中風昏倒，經急救後幸能復甦，休養期間，藉輪椅做復健。每當清晨黃昏，在高雄鳳山國小操場上，經常看見一位敦厚福泰的中年婦人，推著輪椅陪伴一位老太太散步，那位女士是老太太的媳婦，婆媳倆有說有笑。有時候老太太的老伴也會帶著孫兒們推她到處走走，一家人的生活重心都放在老太太的復健上。正當病情漸有起色，動作日有進步時，不料又因感冒引起舊病復發，送到醫院時已昏迷，情況非常危急，醫生當時即徵求家人意見：「要不要救？要救，馬上做喉管切開術，不過救回之後恐怕很難復甦，而且能活多久沒有人知道，如果不動這種手術，馬上她就會過去，你們快作決定……。」

誰能決定？天？兒女媳婿個個驚惶失措面面相覷。最後，還是老先生毅然決定，動手術，因為他的次兒全家均在國外，他沒有權不讓他們母子見最後一面……。

兒子全家回來了，也見面了，但老太太已全無知覺。老太太在醫院裏躺了兩個多月，危況雖已解除，卻毫無起色，到農曆年前夕她家人徵得醫院同意，接她回家過年。她家人認為，不論她是否有知覺，都希望她回家過年，回家團聚。

沉睡了的老太太回到家裏，原本愁雲慘霧的家庭頓時熱鬧起來，過年的氣氛仍然在家中出現。老先生每天在她床前讀報紙，家中有任何事情，家人也會到她床前向她稟告一聲，下意識裏，家人認為她仍然有知覺。

老太太的長媳富惠，台東客家人，非常賢慧，婆婆病倒整個家務由她獨挑，婆婆接回家後她更全心全意負起照顧的責任。公公雖然已經退休，但年紀已大，丈夫要上班，三個讀書的孩子也需要她照顧。然而能幹的她把家務工作調配得井然有序，每天數餐把食物調配好用果汁機攪拌成液體直接灌入婆婆的胃裏，每兩個小時翻身一次，要留心抽痰，而最艱難的工作還是處理婆婆的排便，幾天一次，因婆婆已沒有排便功能，完全靠用手指掏，慢慢探索，輕輕觸摸，這件工作多半由做兒子的負責，夫妻倆小心翼翼的，每次起碼要花上兩個小時，如果兒媳不孝順，那來耐心做這件工作？

老太太媳婦的賢慧還不止此，她為了讓年老的公公晚上能安心的睡覺，毅然把婆婆的病床移到自己床前。這真是一項非常需要勇氣與犧牲的決定，因為婆婆的病，康復無望，會拖多久？誰也不得而知。

世間上最偉大的愛是母愛，母親床前的小床，母親推動搖籃，是世間最美麗最溫馨的畫面……。然而，媳婦床前婆婆的病床，媳婦照顧婆婆比照顧嬰兒更小心，更謹慎，這又是人間什麼樣的愛？什麼樣的一幅畫面呢？臥房原本是女人最珍貴的地方，老太太媳婦居然願意犧牲自己的私生活，把全部精神放在照顧婆婆身上。尤其是現今社會，很多做媳婦的連跟婆婆一塊住都不肯，相形之下，她這種表現簡直是不可思議。常常，在家務稍閒時間，她就用綿羊油幫婆婆按摩、頭髮梳洗得乾乾淨淨，指甲修得整整齊齊。她一面做事一面跟婆婆說話，好像婆婆聽得懂似的。她傷心的說：以前她生孩子的時候，婆婆好疼她……婆婆生病以前，每天中午她都陪婆婆一邊吃飯一邊看歌仔戲，她解釋給婆婆聽，後來婆婆也看上癮了……言下不勝哀傷。

感受更多的是李老先生，他曾感慨的說：媳婦實在難得，每天早上她再忙碌，他晨運回來，她必定泡好一壺茶等著他回去喝……她婆婆一輩子沒擦過指甲油，沒想到老了病了反而俏了……。

老太太病了一年多，也納了一年多的福。說她納福有點罪過，但所有認識她的親友鄰里都有同感，房間裏沒有一點久病病人的氣味，也未遭受褥瘡之苦，都認為老太太雖然不幸的病了，卻病得好有福氣。

床前的嬰兒經過一年多的愛撫都會走路了，然而李老太太卻在兒媳細心服侍一年多之後，在老伴默視兒孫環繞中，緊握著她媳婦的手，安祥的離去了。

這位孝順的媳婦，為了照顧突然生病的婆婆，已經有兩年沒有回娘家……。

老太太的兒子是一間中學的訓導主任，白天工作繁忙，但為了讓細心照顧母親的妻子能得到休息，自晚上九點到次日五點，由他負責照顧。他幾乎每個鐘頭都會醒一次檢查一番，一年多來就是這麼度過，夫婦倆輪流守著母親，直到最後一刻……。

老太太去世的當晚到開喪的當天，其間經過半個月，她的兒媳沒有到床上去睡覺，不是睡地舖就是躺椅子，讓靈堂前的香燭不滅，這種對母親的哀思守孝行為，在現今社會裏，有幾個人懂得？就算懂得，誰又會去遵行？

開喪日，孝子們遵古禮匍匐繞靈而行，一跪數小時，這種舊禮，亦已少見了。連剛剛由國外趕回來的三歲幼孫亦匍匐跟著大人行禮，老太太如有靈，見此情景，能不痛惜？老太太走了，但音容宛在，每天她的孫兒們上學放學必向祖母打個招呼，就如她生前一樣。吃飯的時候她媳婦會叫一句「媽媽吃飯囉！」叫得那麼自然，那麼親切，讓人感覺到這個家好祥和。這是一個標準三代同堂的家庭，父慈子孝、兄友弟恭。老先生好客，為人古道熱腸，老太太持家有方，待人熱情，李家雖不富裕，卻有孟嘗之稱。幾十年來，受他夫婦招待過、幫助過的客人，不知凡幾。

老太太臥病一年多，親友依然絡繹，媳婦賢慧可見。

老太太留下來的家風典範，她媳婦已繼承起來。今年母親節，老太太已去世，她家么女含悲買了份禮物，恭恭敬敬的送給她的大嫂。她說她的大嫂一直很愛她，她結婚以後大嫂依然關懷她，現在母親去世了，因有大嫂在，相信她必能永享慈母留下的恩澤……。

我有幸和老太太結為親家，她四十餘歲才生的么女是我的次媳，老太太的父親曾任蕉嶺縣長，外子和老太太夫婦都是蕉中同學，亂世幾十年，冥冥中親家姻緣早定，因此對她家的情形知之甚詳。

老太太已福壽全歸安息了，本月二十一日是她去世完七之日，謹撰此文悼念，並祝她家，家運昌隆！

民國七三年六月二十五日

橄欖樹下

聽到颱風要來的消息，我望著大門旁那兩株三層樓高的橄欖樹發愁，滿樹的橄欖花，如果讓無情的颱風掃過，明年就沒有橄欖點綴生活了。

這兩株橄欖樹和我結緣已經有二十八年，當初它到我家來的時候，只是兩株不到兩尺高的幼苗。農舍新建成，我這個天真爛漫的客串農夫需要在空曠的茶園上種些果樹花木。我在購回的樹苗裡隨便選出這兩株橄欖樹，種在農舍前的鄉道旁，盼望它長大好遮陰。種下去的時候，還用兩個炭簍蓋上，以防過路的牛車踐踏。

歲月悠悠，物換星移，天下事大多事與願違，想客串做個農夫，談何容易。這兩株曾經被主人冷落過、遺忘過的橄欖樹，歷經人情冷暖、風雨摧殘，依然孤芳自賞般堅強壯健，而且長得十分魁偉。我現在伸出兩臂已無法把它環抱。當年種下的樹木花果種類很多，唯獨它長得最高，像兩個門神，屹立在大門前，專向來侵犯的颱風挑戰。

兩年前那次颱風，大概是它受創最慘重的一次，所謂樹大招風，主幹由中間折斷，像一把太陽傘似的大樹忽然開了個天窗，成了中空。又正當結果時期，成千上萬一串串綠豆般的小橄欖隨斷樹而夭折，實在可惜。而且日常生活也馬上受到影響。

這幾年來，我對這兩株開門就看見它的大橄欖樹產生了依賴，生活幾乎為它定了型。每當清晨被鳥兒們輪番吵醒後，掃地成了我唯一固定的運動。掃乾淨橄欖樹下的落葉，在它庇蔭下，幾份報紙一壺茶，可以消磨整日。橄欖樹下成了談天聚會的地方，大家都捨客廳而寧可在樹下盤桓。太陽由東邊移到西邊都無法攻破茂密的樹葉騷擾樹下的朋友。遇上霧水重的夜晚，早上起來遍地皆濕，唯獨橄欖樹下一片乾爽。俗語說大樹之下不長草，露水都給大樹吸光了，小草如何能生存？這麼好的樹蔭，剎那之間無情風雨把它摧毀了，歎惜的人何止我一個。

幸好橄欖樹生命力強，第二年它的枝葉已把天窗填滿，主幹折斷促成支幹快速成長。現在，它長得比以前更具英姿，花開得更茂盛。

任何有生命的東西皆有靈性，靈性產生感性，樹木亦然。幾年前，老伴真正退休後，我們可以隨心所欲的在鄉間定居，朝夕與橄欖樹相處，漸漸對它有了較多的認識。為了瞭解它，我把農舍加高；加高的農舍追不上年年長高的橄欖樹。不過站在樓上可以用手捧著盛開的花朵，摸著新長的嫩葉，留心察看開花結果的情形。同時也知道了橄欖樹生長茁壯的過程。

我發覺橄欖樹非常有耐心，它似乎一年到頭都為製造橄欖而忙碌。每年五月節過後，樹上還吊著幾粒過時的橄欖，橄欖樹又開始抽芽了。

一條條像火柴棒似的嫩芽在樹枒間出現，沒多久，嫩芽上長出一點點像芝麻般的小顆粒，每條嫩芽總有二三十粒。那不是橄欖，是小蓓蕾。蓓蕾緩慢的長大，長到綠豆般大的時候，開花了。尖尖的小花蕾結構很精密，每朵小花有五片淺綠色的花萼，花萼托著五片乳白色像鵝毛扇狀的花瓣，花瓣包著淺黃色的花蕊，花蕊中央有一粒小種子。盛開的橄欖花只有小指甲那麼大，一串串的小花散發出淡淡的橄欖清香。花期很長，等到花萼花瓣都掉光了，剩下那粒小種子就是橄欖。幾乎要三個月的時間，才能孕育出小橄欖來。

橄欖樹太高，初成型的小橄欖如果不細心找還真看不出它的存在。橄欖在樹上一直要掛到次年二三月才可以收採。

每逢橄欖樹開花的時候，樹上佈滿了果蠅蜜蜂，數量太多，嗡嗡之聲有如萬軍壓境，浩大的聲勢令人震懾。那段時期，我們不敢再在樹下納福，經過的時候也加快腳步。明知牠們不會攻擊人，卻也無法與牠們和平相處。那種氣氛，乍一聽，有點毛骨悚然。最初我們不瞭解真相，還以為附近有死貓死蛇之類的腐屍，才會有這麼多的大蒼蠅。我們曾出動到處找尋，因為嗅不到臭味，找不出原因，經過了好幾年這種現象，才知道是開花招來的果蠅。

果蠅從何處來？開花後往何處去？至今仍沒有答案。

橄欖開花的同時也長新葉，像香椿芽似的嫩葉在樹梢出現，一束新樹葉有十幾片，新的枝枒可以長到一尺長，滿樹蓋了一層新葉，遠看像是戴了一頂樹冠。

那束一尺長的新葉肯定是樹的成長，每年長一尺，長了二十幾年，難怪有三層樓高了。

到了秋天，新的樹葉已慢慢由桃紅變成翠綠，老了的樹葉逐漸變黃，有的變紅，像朱紅般的紅，非常艷麗。

長江後浪推前浪，樹木亦復如此。老了的樹葉功成身退，紛紛落下來。平時一天一小桶的落葉，這時候會為好幾倍，由早到晚都有掃不完的落葉。生生息息，人生，何嘗不是如此？

橄欖樹葉非常光滑亮麗，像抹了層油膏，永遠保持清新。連掉下來的落葉也依然具有姿色；不像一般的樹葉，枯黃乾朽了才掉下來。

橄欖油的媚力由此可見。

橄欖在樹上的時間很長，過年的時候，一串串翠玉般的橄欖掛在樹上，非常誘人。雖然未成熟，一樣可以採摘；反正成熟了的橄欖也酸澀。過年吃多了油膩食物，煙酒過量，睡眠不足，摘幾粒在嘴裡咀嚼，酸、澀、苦、甘，不提神也醒腦，火氣盡消。

爬到樹上摘橄欖是一種夠刺激的户外活動，來訪的親友不光孩子喜歡爬樹，連大人也忘形的爬樹，採摘的橄欖不一定敢吃，純為享受爬樹之樂，憑添過年的情趣。

橄欖又叫青果，大概是因為它由成形到成熟都是青色的原故吧！酸酸澀澀的橄欖，喜歡它的人不多，大多是把它煮熟拌甘草粉或浸漬糖水吃。那種吃法已失去嚼橄欖的滋味。

青橄欖最治喉嚨痛。把咀嚼的汁液一點點滲到咽喉裡，會有消炎解熱的功效。

青橄欖燉羊肉，治氣喘有效。用橄欖的根燉瘦豬肉，治胃病有效。這些，都是每年按時來採摘的親戚朋友告訴我的偏方。

如果無效，他們不會年年來採摘。

不過，如果有效，何必年年來採摘？我搞不懂。

我最喜歡的橄欖吃法是把它用糖漬密封，兩三個月後把帶有酒味的橄欖汁，對開水加冰塊，是消暑極品。用來調雞尾酒，味道更美。

橄欖汁過濾後用瓶裝密封，可以久藏，兩三年都可以飲用。漬過的橄欖可以當零食，不過這種橄欖會醉人。小孫就曾因為吃多了橄欖而昏昏大睡，害我虛驚一場。

橄欖雖然點綴了鄉居生活，也給我帶來煩惱。成熟的橄欖紛紛掉下來，每天就為撿橄欖累得腰酸背痛。

撿回的橄欖馬上要處理，自己用不完要很快送掉，否則會長出很多小蚊蠅，影響衛生。中午休息時間，鄰居小孩用竹竿在圍牆外打橄欖，狗在圍牆裏亂吼，吵得無法安靜。常常還要應付不速的陌生之客。心境再好偶而也會煩惱，人都是自私的，自己的權益只要有少許被侵犯，就會做出無情的反抗，那怕只是犧牲少許的睡眠時間。

每個人都會有自己的夢想，特別是年輕的時候，夢想更多。二十幾年前夢想客串做個農夫，到現在還是一個空想。不過雖然農夫做不成功，卻也得到很多實際的經驗與農事的知識。而且，我並未完全落空，我雖然未耕好農田，卻耕了我的心田。我現在能夠健康快樂的在橄欖樹下納福，不正是當年想客串做個農夫的最終境界嗎？

能夠生活在自己年輕時的某一個夢想裡，就是一種福氣。

人人都說前人種樹後人涼，想不到我能自己種樹自己乘涼。有兩株橄欖樹做伴，不做農夫我也心滿意足了。

濤園三十年

寄寓濤園三十載，筵開碧海半山莊。
鄰居滿座多懷舊，談笑風生話正長。

這是洪業德先生為這次餐聚寫的即景詩。

丙寅年元宵節，我們一群老鄰居相約在碧海山莊餐聚，慶祝同在一個大屋頂下住了三十年的緣份。

濤園是海軍總部由左營遷到臺北後才興建的眷舍，位於基隆河畔圓山動物園旁。民國四十四年，我們是經過抽籤才分配到這一棟二層樓磚造木地板木樓梯的建築物，當時這二十户人家，能抽到這種房子，夠令人羨慕了。據説房子可住十年，沒想到如今已住了三十年。去年大家就決定要好好慶祝一番，誰知日期已經定好，我們的好鄰居楊邦傑先生與丁福謙先生的老伴突然招呼不打一個的相繼走了，大家在哀悼之餘，已無心聚會，直到過了舊曆年，才趁著新春喜氣決定了這次元宵節的餐聚。

那天中午，我們在吳以平先生家集合，先合照一幅留念後，由八十多歲的吳婆婆帶頭，向碧海山莊走去，她精神奕奕，有打十六圈的實力。八十多歲的藍光燊法官由兒媳推著輪椅笑容可掬的參加。八十多歲的徐奎昭先生步履穩健，去年兩次車禍，有驚無險。徐太太因外孫中午相親，下午才趕來跟大家見面。八十多歲的何池先生由孝順的女兒陪同，何太太已去世多年，她是包餃子的好手，我們曾向她學到很多手藝，是我們懷念的好鄰居。大家順著馬路走，邊走邊談，這條馬路我們已走了三十年，因為上面建了高速公路和高架橋而變得陌生了。

十五分鐘後，我們到達碧海山莊，筵開三桌。吳以平先生首先致詞，他由國外趕回來，心情自是興奮。洪業德先生親自寫了付對聯貼在牆上，增加聚餐的氣氛。上菜時，我們先起立向四位八十歲以上的老鄰居致敬。

酒過三巡，菜上了一半，我們全體再度起立向藍光燊先生的媳婦黃美珠敬酒一杯，她是我們公認的模範媳婦，十幾年前她嫁入藍家時就挑起家庭重任，婆婆已逝，公公年邁多病，幾位小叔小姑尚未成年，她夫婦二人克勤克儉、精打細算，幾位弟妹方能順利完成學業。目前，她的兒子已上高中，她每天除了服侍年邁不良於行的公公和繁重的家務，還幫鄰居帶兩個孩子，以貼補家用。她熱心公益，敦睦鄰里，鄰居間有任何事她都勤於奔走，熱心幫忙。我們這些伯伯媽媽們，十幾年來，親眼看到她純真感情的表現，才在感動之餘，起立向她致以敬意。在今日倫理道德觀念日趨淡薄的社會裏，她是我們濤園的驕傲，我們以她為榮。

我們鄰居幾十年，兒女婚嫁的喜酒聚宴經常有，但從未像今天這麼盡興過。幾位平時不大講話的老鄰居，也都忽然變得海量豪放起來，花雕順口，人又對頭，心中也多感觸，高興得近乎忘形。如果今天楊邦傑先生在場，氣氛會更為熱鬧。他性格開朗，聲音宏亮，待人熱忱，是鄰居中的熱門人物。沒想他走得也那麼乾脆。那天，他上午在圓山大樓菜場滑一跤即倒地昏迷，送到馬偕醫院後就不曾醒過，下午兩點左右就走了。我們雖然哀悼惋惜，但認為他已年過古稀，雖然以現代人長壽眼光來看是早了一點，但他沒有受到病痛的折磨就是福氣。楊大嫂卻不這麼想，她幽怨的說那才是她的遺憾，她寧可他慢慢走，讓她服侍些時日，心中也好過些。她的話令人心酸，原來夫妻情誼，連侍候都是一種福氣。看看現在很多年輕夫妻，動不動就離婚，完全不顧夫妻情義，也不怕傷害父母子女感情，世風日下，能不慨嘆！

濤園的孩子王李劍鳴先生那天顯得非常高興，幾張桌子轉來轉去，連乾五六杯面不改色。稱他孩子王絕對正確，他對待孩子有一套辦法，孩子們見了他都會主動叫他李伯伯萬歲。如今那些孩子已為人父為人母，一批長大了一批又接上，他也由李伯伯升為李爺爺，依舊萬歲之聲不絕。他自己的兒孫住在高雄，李大嫂仍在海總上班，他一向是自得其樂。喜歡孩子的人永遠不會寂寞，會過日子的人心境永遠開朗，不一定非要親生的兒孫在面前才是福氣，這點，我體會到了。

酒，不但沒有令人糊塗，反而勾起更多的陳年舊事。同住在一個屋頂下的人，大家的情形都非常清楚，我們有共同的過去，就有談不完的話題。

那時，桃園中正機場未建，所有起落的飛機都必須在我們房頂經過，震耳欲聾，晚上睡覺都不得安寧，害我天天吃安眠藥……。

還說呢，動物園裏晚上傳來的怪叫聲，每逢風雨夜，更是獅吼虎嘯，各種淒厲的聲音，叫得人心驚膽裂，以為到了非洲地帶……。

牠們已經搬到新家去了，我們和牠們是三十年的老鄰居，牠們搬走後，聽不到熟稔的叫聲，我們很不習慣，一樣也會睡不著……。

說的也是，那時候士林北投就只這麼一條路，廿四小時車輛不停的經過，好煩人……。

也有好處，以前 先總統在世，各國元首來訪，都必須由濤園門口經過，我們都曾一睹丰采……。

自從那塊空地建了憲兵大樓後，孩子們沒有地方騎單車打籃球，我們也沒有地方看露天電影了……。

現在有憲兵守衛，從此沒有小偷，好處更多……。

我們的房子住了三十年，原本就破舊，自從對面騎馬俱樂部改建成美術館，我們就成了「破落户」了……。

想當年，抽到這種房子多令人羨慕。當年大家春秋正盛，同在一條巷子出入，天天見面，誰有閒情想到緣份這上頭？經過了三十年滄桑，有些房子已換了幾次主人，有的常住外國，有的永住天國，我們這些碩果僅存的元老鄰居，感情份外親切。只盼有一天這裏能改建或重新分配，我們還能再住到一塊，不但可以朝夕相見，還可以隨時相聚。我們有談不完的舊事，說不完的趣事……。

人生苦短不過百，在一個地方住了三十年，三十年的情誼，無非一個緣字。

鄰居滿座多懷舊，談笑風生話正長。酒酣飯飽，天下沒有不散的筵席，大家年紀已大，去日無多，老鄰居臨別依依，相約明年再聚。

吾愛吾家（民國七五年十一月一日）

斷魂記

天高雲譎、瞬息萬變。

人生，有時亦復如此！

前一分鐘還哈哈大笑的人，霎那間化作冤魂！

車禍，何其可怕！

民國六十六年五月廿九日，晚上九點多鐘，天上下著毛毛細雨。一對大學夜間部男女學生，他們是同班同學，一對愛侶，已經訂了婚的未婚夫妻，在臺北市中山北路三段圓山站下車，準備穿過快車道回家。

穿過快車道，已成了這一帶青少年學生的習慣。為了早點回家，大都捨棄安全的地下道而冒險闖快車道。

通常，下了車先向左邊看看，來車距離尚遠時，立即衝到馬路中央黃線上，再向右邊看看，沒有車過時再立即衝過去，這樣比向前走一大截路，再過地下道是快了好幾倍，也難怪很多人都這麼走。

那天，可能是下著毛毛細雨的關係，這對愛侶下了車，撐開傘，摟著朝馬路中間衝，說時遲，那時快，一輛疾馳來的轎車已來到面前。男生情急，用力把女生一把推開，自己卻不幸被撞上了。因為撞力太大，把他撞到對面快車道，不巧快車道上一輛由圓山向市區方向急馳而來的轎車，迎面撞上，就這麼雙重撞擊，轟然兩聲，有如晴天霹靂，一個活生生，充滿朝氣的青年，就這麼來不及向這個世界說一聲再見，匆促的結束了二十多歲絢燦的人生。

車站等車的人目睹這幕慘劇的發生，有的已嚇得目瞪口呆，不知所措。一位穿著制服的學生，見狀奮勇的跑過去攔了部計程車，不顧一切的硬把受傷者拖進車廂，直送馬偕醫院。

隨後，那位女生也被路人送到同一間醫院來。

據說，該女生到醫院後先說出通知男生家裏的電話後才昏過去的。

男生的父母親和平常一樣，正在準備兒子回來吃的消夜，忽然接到醫院通知，慌張中，由幾位鄰居太太陪同趕到醫院。在急診處，這位驚惶中的母親，遇見那位送她兒子到醫院的學生，一身都是鮮血，一緊張，當場昏了過去，鄰居只好把她先送回家休息。

稍後，失魂落魄的老父親也趕到醫院，很多鄰居都趕來了，急診處外看不到人，還以為送到病房了，遍尋不著，一打聽，急診處的人說：該傷者送到醫院時已經氣絕，醫生只能把他那張破碎的臉縫合，送到太平間了。另一位女生傷勢似乎不重，可能是骨折，沒有生命危險，仍在手術室救治中。

可憐一對老年的父母，就這麼遽然間，不明不白的失去了他們唯一的兒子。

世間有什麼比老來喪子更大的悲痛！尤其是獨生子，蒼天真是太狠心了。

年已古稀的老先生要面對這麼殘酷的事實，情何以堪？幸好他還能理智的作一決定，堅強的要求鄰居好友，暫時不要把惡耗告知他的老妻，他怕她會受不了這種打擊，他耽心她會瘋狂，他要大家保密，讓太太知道兒子仍在急救中，需要觀察幾日，拖些時日再說。

可憐這位年屆六十的老母親，三十多歲才生下頭一胎，她唯一的兒子。兒子從小體弱多病，她比其他母親付出更多的心血，呵護著由一株幼枝變成一棵茁壯的樹，沒料到晴天霹靂，叫她如何活下去？

她不知道愛子已逝，堅持要去醫院探望，要去醫院陪伴，照顧，老先生眼看瞞不下去，但又絕對不能告訴她事實，不得已，只好又編一個謊言，說是撞傷兒子的是外國人，他已答應馬上把兒子送去美國醫治了。

事實上，肇禍者的確是外國人，該車行駛太快，撞了人連一點煞車的痕跡都沒有，據說是，路人抄下車牌，報警後才找到他的。

當時天雨路滑，又喝了酒、駕快車，當然會出事。

幾日後，該洋人親到苦主家道歉，並送慰問金，好在老母親聽不懂洋文，她親眼看見洋人上門，相信兒子確實在外國就醫，心中雖然焦急，但仍未絕望，最堪憐是那位老爸爸，既要瞞著老妻，又要為愛子料理後事，老淚不敢在家裏流，偷偷的把兒子的衣服送到殯儀館……。

用盡苦心的老先生，不但瞞著老妻，同時也瞞著受傷住在醫院裏的未來媳婦，他耽心年輕人會受不了活生生被拆散的打擊，影響她的復原。大家都知道老先生的苦心，也希望瞞著她，幾次堅持策杖去病房看未婚夫，都被勸阻。

出殯那天，淒風苦雨，一群他幼年的鄰居玩伴，而今都是成年人了，有的已為人父母，能趕回來的都盡量趕回來，還有幾位他的好同學，大家神情凝重，圍繞著靈堂陪伴他。

他大學的團契詩班唱著憂鬱的詩歌，牧師木然的證道禱告，幾位鄰居媽媽也撫棺痛哭。唯獨他親生的母親，還懵然的在家裏等待著。那晚在醫院急診處看到那個青年學生一身的鮮血，叫她恍然心驚，她驚魂永遠無法安定。她焦慮、憂愁、坐立不安……。

她怎麼也不會知道，她的愛子已送到火葬場，從此在這個世界上消失，她永遠不會再見到他了。

青年日報副刊（民國七三年十一月十八日）

自序——爲懷念一位朋友而寫

大約二十年前，偶然在台灣一位友人家中看到馮馮寫的佛學方面的書「禪定天眼通實驗」，十分驚奇。我知道馮馮的名字是在皇冠雜誌上，有段時間幾乎期期都有他的作品。出於好奇，於是到士林天華出版社興奮的將馮馮出版的此類書籍通通買回家。越看越覺得不可思議，有些太深奧無法理解，就當看武俠小說一般，看過就算了。聽說這位作者在溫哥華。

十幾年前，我在心情最低落的時候移居溫哥華，二兒知道我想去世界佛教會看看，那是馮馮書裡介紹過的。他和一位倫姓同事談起此事，事有湊巧，居然這位同事說佛教會會長馮公夏先生是他的世伯，於是透過他母親的介紹我認識了馮伯（馮公夏老先生）。馮會長知道我是台灣來的作家，說他有位侄兒馮培德（馮馮）也是位作家，會介紹我們認識……。因緣際遇和合，就這樣，我和馮馮成了莫逆之交。

馮馮很會聊天，喜歡晚上聊天，我也喜歡晚上寫作。所以經常在電話裡一聊就是幾個鐘頭。很少聊佛學方面的事，多數是聊電影。他很喜歡電影，只要我提起的他都看過，連我早期在廣州時候看的他也都看過。由談電影而入文學，再轉入音樂，幾乎都是聽他說。偶爾他提起某部電影，我也可以搭上幾句，證明我也看過，證明我在專心的聽，其實不必證明，他早已瞭然於心。他一再勸我再寫作，他說寫作是最好的精神生活，生活有了重心，妳會過得很開朗。他等於看穿了我的內心。於是，我重提起筆，這本散文集就是來溫哥華後經他一再敦促才寫成的，幾乎都曾在報章雜誌上登過。可惜他已看不見了。

馮馮是一個與生俱來的悲劇性格人物，不妥協的個性得罪了太多人，他說他是蠟燭命，一輩子燃燒自己照亮別人。在海外漂泊了半個世紀，結果還是回到了台灣，一個他自己都無法掌握，又恨又不能忘懷的地方。這本散文集中，「最後的合十」一文，就是在馮馮往生後寫的紀念文章。而那篇「老強人」中的倫老太太，則是我與馮馮相識的緣起。

馮公夏老先生生前曾在溫哥華世界佛教會開了易卜課程。他說易卜不是迷信，是一種合理推算事物因果的方法，易卜易學難解，解卦的人一定要有很好的學養才可。在他再三的鼓勵下，我這冥頑不靈的俗人，居然成為他門下教導的對象，更學會了他傳授卜卦前的禮儀口語。學了沒多久，我忽然想卜一個卦問問我和馮馮的因緣，結果是：「來微子處，偶然遇一人，重枝葉來，不凋不謝，不見根牢。」有點奇怪，直到現在沒有告訴過任何人，今天寫出來，也只想證明讓人知道馮馮的確是一個奇人。

有一天，和出版「霧航」的文史哲彭正雄先生談起馮馮，才知道馮馮回台後，住院、照顧和喪禮安排，到最後送骨灰去台南永康如本法師寺廟，彭先生都親自陪伴。那天我們電話中談了很久，彭先生真是個性情中人，馮馮有這樣一位超乎名利的朋友，生前吃盡苦頭也算得到善果了。

仍然有夢

如果寫日記也算寫作？我已經寫了五十多年。

五十多年前剛到台灣時，人生地不熟，居無定所，前途茫茫，一切都在茫然中，日子過得淒涼寂寞。每日唯一能做也最想做的就是在日曆上記些流水帳，記些生活點滴，算是排遣情緒，也是無言的申訴。不能算是寫作。

後來，日子逐漸安定，生活也上了軌道，認識了一些新朋友，心境不再那麼無奈，開始有閒情欣賞關懷身邊事務了。剛好遇到台灣新生報舉辦「理想丈夫」徵文，每天看到熱鬧繽紛的各式各樣夫妻百態，目不暇給，才知道有那麼多人可以隨意自由的寫作。一時衝動，也寫了篇題為「牛皮糖」的寄去，竟然被採用刊登出來，還附帶說該文同時入選另一專欄偏愛的短文中。心中竊喜，精神為之一振，從那時開始，對寫作發生了興趣，以為從此可以輕鬆的走上寫作之途。殊不知事與願違，孩子們尚小，家務雜務多，根本找不到可以寫作的時間，只有利用假日寫些雜文小品之類，卻不是我心中所鍾意寫的小說。住在眷村裡，小說題材豐富，腦海裡時刻蘊釀著故事人物，弄得整日心神不寧，對人視而不見聽而不聞，擾亂了家庭生活。遇到特別吸引的故事，會不顧一切的埋頭寫起來，寫得正入神時卻被打擾被逼停筆，待再回頭時已不是當時的感覺了。這種時寫時停的寫作環境很難成篇，寫得很辛苦。

直到孩子們長大了，家務減輕，責任放鬆。孫輩們還未到來那段日子寫得最勤快，也寫得最開心，長久積存的寫作材料任我安排，人物可以自由支配，可以隨心所欲的改變人物性格，可以改變事件的結局。把生活中所見所聞，令人感動感慨值得回味的事件編成故事寫出來。起初寄出去時也曾忐忑不安，心情緊張的擔心是否會錄用。及至後來寫多了，錄取率也高了，寫作的心情就輕鬆下來。每當文稿見報，那種有共鳴的快樂，對我來說已經很滿足。根本沒有想到當作家那回事。

每個人都有自己的內心世界，寫作對我來說完全是一種興趣。五零年代日本興起的推理小說很令我著迷，尤其是女作家中曾野菱子和三浦菱子的推理小說風格獨特，非常引人入勝，看她們抽絲剝繭的手法，慢慢發掘劇情到最後真相大白的過程，讀來趣味盎然。很想學習那種寫法，很想成為那種作家，寫推理，寫長篇。只是到目前為止，長篇小說只寫過一篇「兩代之間」。其他的寫作還只是想想而已。

寫作的人很少有不熬夜的，二十年前年紀未老，體力尚好，興趣來時往往由黃昏寫到黎明而不自覺。當寫作進入故事中時，會忘了看時間，忘了外界的干擾，也沒有了煩惱，世界靜寂了。有點像進入禪定的境界，那是寫作最好的境界，手指完全聽思想指揮，所謂神來之筆，大概就是指這種境界吧。那是可遇不可求的境界，人生至樂莫若如此。

雖然寫出來的不一定會受到編輯的青睞，退回來換個地方寄就是。我已練就虛懷若谷的情懷，寄出去的文稿能登與否完全不影響我寫作的樂趣。這是我對自己的要求。

移居溫哥華已經十年，換一個新環境需要學習，需要適應的事情太多，已經有好長一段時間不曾寫作了。我是個喜歡過日子的人，我耐不住寫作的寂寞與孤獨，我喜歡嚐試學習新奇的事物，我的嗜好多，這都是寫作人的大忌。寫作需要安靜的環境。儒家道家修禪均以靜與定為基礎，寫作尤甚，沒有安靜的環境與安定的心境是很難構思的。

雖然沒有太多時間寫小說，寫日記卻沒有間斷，移居溫哥華時，我那包紙質粗劣不成規格、大小厚薄不一的日曆、記事簿帶來了，那是我過掉了的日子，雖然記的都是雞毛蒜皮，甜酸苦澀，卻是有跡可尋。對喜歡寫作的我，那是我珍惜的財富。溫哥華有奇特的法令、制度，不同種族的文化，複雜的人際關係，不一樣的人情世故，比比皆是寫作的材料，所以寫作對我來說，仍然有夢。我現在最需要學習的就是修定與養靜。如何在三代同堂熱鬧的環境中抽身安靜下來，是我最大的挑戰。雖然我已經年過七十，但有人說人生七十才開始，再說，現在的人也很長命，所以，對寫作來說，我仍然有夢。

煙霧迷惘

臨上飛機的時候，汪太太再三叮囑丈夫：

「待會在飛機上千萬要忍著點，千萬不要去洗手間抽煙，知道嗎？你兒子在電話裡都為這件事擔心，你不如把香煙交給我放在皮包裡，免得你一下忘記了。」

汪先生從來不在廁所裡抽煙，這是他的原則。不知道兒子、老婆為什麼老是提醒他，令他很反感，火氣一下上升：

「你明知道我不會在廁所裡抽煙，為何一說再說？你再嘮叨我馬上掉頭回去，你一個人去好了。」

汪太太不敢惹他。看見旁邊的旅客抿嘴在笑，很難為情。丈夫樣樣都好商量，就是抽煙固執，無論怎麼勸他；現在到處都在禁煙，抽煙變得很不方便，很多場合抽煙不但違法，自己也有犯罪的感覺。他還是無動於衷，寧可減少應酬，非不得已，他那裡都不想去，他說在自己家裡，自由自在，誰也管不了。

退了休，坐七望八之年，就這一點嗜好，能不由他去嗎？這次能說動他，一塊去看兒孫，已經夠滿足了。汪太太買了很多零食，擔心長途飛行丈夫犯了煙癮時，可以解饞。

靠窗兩個座位，視野很好。

汪先生閉目養神，連書報都懶得看。飛行已過一半，空服員又送餐來，他的胃口很好，道道吃光。餐後又要了杯咖啡，空服員收餐具在忙碌著，太太起來去上洗手間，他悄悄的掏出支煙，悄悄的點著，猛吸一大口，隨即把煙熄了，用餐紙包起來塞在口袋裡。

敏感的太太一下就嗅到煙味，緊張的看著他，看他兩手沒有煙，她迅速四周掃一眼，沒有反應，她坐回椅子，長長的噓了口氣。

兒子來接機，在車上，汪先生問兒子：

「你們家可以抽煙嗎？」

他兒子爽快的說：

「可以可以，當然可以，我已經安排好了……。」

汪先生安心了。溫哥華果然是個好地方，兒子的家很不錯，獨門獨院，前後都有花園，很理想的住宅區，難怪老婆讚不絕口，非要他來看一下不可。他點上支煙，在院子裡走來走去聽老婆嘮嘮叨叨的為他介紹。汪太太已來過兩次，對這裡的一切都非常滿意，如果這次丈夫看過也滿意，兒子就可以為他們辦依親，以後就可以長住，不必兩邊牽掛，也可免搭飛機奔波之苦了。

進入屋裡，佈置很優雅，媳婦已泡好茶。汪先生好奇的到處巡視，又點上支煙，悠然的吸著，煙跟著他在屋裡飄來飄去，他毫無所覺。汪太太慌忙把他手上的煙熄了：

「你在院子裡才抽過，等會再抽好了。」

晚餐時一對孫兒女回來了，一家六口三代首次團聚，大家都好高興。酒足飯飽，汪先生十分滿意的靠在沙發上，點上支煙，正當他醺陶陶的噴出幾個煙圈，兒子走過來：

「爸爸，這裡不能抽煙，我帶您到那邊抽。」

說著把父親拉到抽油煙機前，打開抽油煙機，笑著說：

「爸爸，您以後就在這裡抽煙，要抽煙的時候打開，抽完關上，很方便。」

兒子面有得意之色，以為自己設想周到。汪先生站在那裡楞了幾秒鐘，瞪著問兒子：

「就在這裡抽煙？就在這裡站著抽煙？」

兒子看出父親有點不悅，陪笑著說：

「煙一下就抽完了嘛，站一下有什麼關係，不站也可以，我端張椅子您就坐著抽好了，怎麼樣？」

一個星期後，汪先生叫兒子去訂機票，他對老婆說：

「我這裡住不慣，我已經來看過、享受過就夠了。我要回去，你不想回去你就留下來住久點，我可以一個人先回去……。」

汪先生匆匆把話說完，已感到手有點顫抖，他趕快點上一支煙，吸得又急又猛。轉瞬間，他把自己投入煙霧迷惘中。

老人與回憶

在「文訊雜誌」上看到老作家林良説他很享受回憶……。我心有同感。只是，現在科技發達，資訊豐富，光是一個電視台就有看不完的欄目，如鳳凰台的文化大觀園、中央電視台的百家講堂、TVBS台的直播、轉播，還有每天必看的新聞節目……，真是精彩萬分，目不　給。所以，除非有挑起回憶的機會，否則連回憶都是一種浪費。

彭歌先生寫的那篇「發展軟實力要能硬起來」，我也拜讀過了。當時只是感覺到那是曾經愛護過我的前輩作家寫的文章，自是高興萬分，舊事湧上心頭，心存感激，心中暗暗祝福而已。及至看到心儀久已的前輩作家吳崇蘭女士於十二月二日寫了一篇「見彭歌 憶舊事」的文章，我的記憶才又活躍起來……。

三十幾年前，我初在中央日報投稿。有一天，忽然接到姚朋先生（彭歌）的來信；說是有位美國朋友想徵求同意將我的文章「清福三年」譯為英文，刊登於中華民國筆會季刊上，並要我用簡單的方式介紹自己。過了不久，又接到姚朋先生來信，說海外有朋友也想看我的小說，要我寄兩本成文出版的「清福三年」和黎明出版的「喜上眉梢」給他轉交。並問我的作品有沒有申請過任何一種文學獎？當時真把我嚇昏了，我四十幾歲才初學寫作投稿，能得到知名作家賞識，已是十分幸運。這種幸運，不是每個寫作投稿的人都能遇到的。

不久，姚朋先生又來信說書已收到，並說讀者文摘林太乙女士也想看我的書，他手邊沒有，著我寄一本到中央日報，他會轉交給林女士。後來，讀者文摘派人來台灣和我接洽，簽合同、寄支票，非常認真謹慎的轉載了我的「清福三年」。

一九七六年六月五日，聯合報副刊彭歌的三三草專欄刊出一篇「蒐羅必須更廣」，原來那篇評論也是與我的「清福三年」有關。後來，筆會的殷張蘭熙女士也寄給我一封信；說加拿大某中學要把我那篇「清福三年」的文章作為教材，她說她非常高興，也為我感到高興。這一切的榮幸，都是姚朋先生所賜。

這些年來，斷斷續續的也寫了些文章寄到其他報社投稿，其中有被刊物「中國文選」轉載的、有電台選為廣播劇的、也有電視台改寫為電視劇播出的，但是都沒有人通知我。還都是朋友們看到、聽到後我才被告知的。文章有人採用，當然是值得慶幸的事，但似乎也反映了時下經常被人討論的智慧財產權不被重視的現實吧！

十幾年前隨兒媳孫輩移居溫哥華，生活變化太多，已很少寫作，很多文友都失去了聯絡。今年初回台，在文友聚會的場合，以為會遇見些老朋友，結果，還是只有那幾位有保持聯繫的老文友，其他都不認識了。歲月催人老，也許點頭微笑而過不認識，也許擦肩而過沒感覺。我猜想，如果遇到彭歌先生，我會認出來。因為前幾期文訊雜誌有他的報導和相片。

我們都是八十後（八十歲以後）的老人，沒有回憶，何來文章。

北美世界日報上下古今版二〇一〇年十二月十九日刊出

老強人

人生是可貴的，人活著應該要有些意義，特別是到了老年，能用自己的智慧，勇敢的、堅強的面對命運，面對無常。有能力選擇自己的生活，和身後事，又能得到親人的支持和尊重，實在是一件很福氣的事。

倫老太太就是這樣一位老人，福壽雙全，壽終正寢，享年九十歲。

去年十一月，溫哥華的天氣已很寒冷，灰濛濛的天空飄著毛毛細雨，顯得格外陰沉。上午九點，四十一街漢彌頓殯儀館停車場已停了好幾輛汽車，大概都是來參加老太太的喪禮。禮堂大門尚未打開，因為預定時間未到，有些人坐在車裡等，有些人撐著傘在門外徘徊。雖然大家都不認識，但也會點頭打個招呼，大家都是來送老太太的。

時間一到，男女兩位工作人員嚴肅慎重的把門打開，大家靜靜的走進去，沒有簽名簿，沒有收禮處，和其他地方的禮俗氣氛不同。

兩位穿著黑色西裝的青年站在內門外接待來賓，其中一位很面熟，是老太太的孫兒定邦，幾年不見，竟然長成大人了。定邦身材魁偉，文質彬彬，面帶微笑的向我們點頭為禮。刹那間，浮現出五年前的情景；那次是他父親的喪禮，也是在這間殯儀館，那年他才十六歲，一個清秀面帶憂傷的少年，默默的跟著祖母辦理父親的喪事……。

靈堂中，定邦的母親孤寂木然的坐著，眼睛凝視著靈柩出神。我上前跟她握手，她抬頭看見我們，激動的握得更緊，聲音淒楚，如泣如訴：「奶奶走了，以後沒有人跟我講話了……。」看她那雙紅腫的眼睛，心裡也覺淒酸。相依相伴的婆媳，一旦永別，如何捨得，情何以堪！

老太太面容莊重安詳如昔，唯一改變的是頭髮剪短了些，大概是臥床期間護理人員容易清洗，方便整理。

這位達觀的老太太，算得上是老強人，年輕時也曾顛沛奔波，歷盡艱辛，三十幾年前來到溫哥華後才開始過安定的生活。老先生去世後，老太太把在愛民頓工作的兒媳接回溫哥華同住，享受天倫之樂。兒子很快找到工作，孫兒轉到溫哥華讀書，一家人樂融融。

世間事難有盡如人意……，能有現在的結局，已經很圓滿了。看著仍有笑容的老太太，睡得很甜，很甜，安息了。

輕柔的音樂圍繞著禮堂，飄散在空氣裡。老太太信仰佛教，但今天沒有聽到誦經的聲音。輕輕的、微弱的音樂，反而感覺不那麼悲涼，顯得很安謐、很祥和。

儀式開始了，兩位工作人員移開蓋了一半棺木上的花籃，把整個棺木蓋上，又將花籃移回棺木上。那籃花是定邦送給祖母大人的。

定邦已站在靈堂前，原來剛才和他一塊站在門口迎接來賓的是一位牧師。

牧師肅穆緩慢的走進靈堂，工作人員隨即把禮堂的門關上。牧師態度從容優雅，語調清晰。他以人生觀、宇宙說，以及對生命讚美的言辭代替說教。我想他一定知道老太太信仰佛教，他用包容宗教、超越宗教的思想諄述生命的意義，讚頌生命的美好。是一場人生境界昇華的主禮。

家屬致答辭時，定邦從容的走上台，莊重而面帶微笑的說：他的廣東話不太靈光，只能跟祖母講。現在祖母聽不見了，他就用英語講了。他說話的神態，就像講述一個故事，說到祖母，他會停下來看看棺木，微笑的說：「祖母是一個十分愛乾淨的人，不論什麼時候都是乾乾淨淨，衣著整整齊齊，就是早上起來看見她的時候，她也是穿得整整齊齊，頭髮一絲不亂。」他說祖母最喜歡洗頭，每隔一個星期他就會車祖母去洗一次頭。祖母還要指定老闆娘幫她洗，如果老闆娘正在忙，她就會等。祖母還喜歡飲茶，每星期都要去茶樓飲茶，祖母最喜歡燒賣、蝦餃……。每個月他都會帶祖母去家庭醫生那裡開藥，抽血的時候祖母還會怕痛……。

定邦如數家珍似的在回憶祖母生活上的點點滴滴。如果不是和祖母生活密切，是不會有這種感覺的。

五天前一早，忽然接到定邦打來的電話，說祖母剛剛過去了，已經打電話給家庭醫生，還有打給每天來家照顧祖母的護理人員。問他要不要馬上過去，他說不用了，一切事情他都會處理好……。

我兒麥可是定邦父親的同事，兩家人也是好朋友，經常來往。經常一塊吃喝玩樂。

時間退回五年前，也是一早，也是定邦打來的電話，說他爸爸剛剛過世，祖母叫他打電話給麥可叔叔，並說已打電話報警了。

放下電話，麥可匆匆趕去，門口已停了幾輛警車。定邦的父親剛剛被推出房門。

驚惶的老太太力持鎮定，緊握著媳婦的手，她似乎很擔心媳婦。她媳婦一臉惘然，無可奈何的盯著丈夫被人抬走：

「我叫他起來上班，叫他，他不應，推他，他不動，他已經去了……。」

老太太淒苦的搖搖頭，悲慼的說：「手還軟，大概剛剛過去……。」

這個一家的主力就這麼瀟洒的走了。遺下高齡八十五歲，有高血壓、糖尿病的老母親。一個因心臟開刀時缺氧留下後遺症，長年生病的愛妻。和一個尚在讀高中的兒子。

這樣一個家庭，這樣一付重擔，他如何走得安心？真是晴天霹靂，事情發生得太突然，大家都擔心老太太如何承受得了？想不到她尚能鎮定，也表現出很堅強，一切大小事情都是她親自接頭，親自安排。

豈知禍不單行，兒子出殯的前一天，深受打擊的媳婦突然昏倒，緊急叫救護車送入醫院。

老太太再受驚嚇，心情更為沉重。萬分無奈的領著孫兒，親自主持兒子的喪禮。

禮堂裡，老太太表現得很冷靜，還會關心招呼前來吊唁的來賓。只是聲音非常緩慢，非常微弱。

定邦惘然孤獨的站在父親靈柩前，默默的注視著父親，令人看了心酸。

麥可悄悄的站到他身旁陪他，只聽他幽幽的說：「他剛教會我開車，我剛領到駕照……。」

喪禮在哀傷的氣氛中結束，六位扶棺人都是老太太親自挑選，她要求麥可站在第一位。麥可戴上白手套，心情沉重吃力的把好友送上靈車。

五年後的今天，定邦已經長大成人，祖母的喪禮他安排得有條不紊，井然有序。他致辭完畢，工作人員又把棺木蓋打開，讓來賓再次瞻仰老太太遺容，然後再度蓋上。

定邦請麥可叔叔為他祖母扶靈。麥可再次戴上白手套，這次心情沒有那麼沉重了。只是感覺有點不可思議，同在一個禮堂，相隔五年，同為一對母子扶靈，這是什麼樣的緣份呢？

回想這幾年和倫家相處的日子，多姿多采，十分愉快。

老太太是個很會納福的人。兒子在世的時候，每到周末，一家人中午先去飲茶，飲完茶帶些點心去馬場跑馬，馬場下午一點開始，到六點結束。我跟他們去過幾次；對跑馬雖然外行，但也很新鮮。

老太太悄悄的對我說；她兒子喜歡賭馬，他這裡朋友多，大家一塊飲啤酒，又可以抽煙，完全是享受自由自在。她來馬場是因為媳婦也可以一起來，夫妻一起玩比較好，而且有我們在他身邊，他玩得也安心。

老太太的兒子又另有說法：「媽媽以前喜歡打麻將，現在老了，沒有再打了，我陪她來馬場賭馬，她每次只下注一、兩塊錢，純粹是消遣。但她好高興，她說這裡風景好，空氣好，又熱鬧，她都捨不得走……。」

記得有一次我們去溫哥華西區海邊烤肉，那天有好幾家人一塊聚會，很熱鬧。老太太指著海對面那座山說：「你看那座山，像個睡觀音。溫哥華的山都像觀音，你細心看就會發現的。」又說以前這裡有一種蘭花蟹，非常鮮美。還可以挖到象拔蚌，現在都沒有了，都被捉光了……。

老太太在這裡住了幾十年，知道很多當地的掌故，和她在一起，非常有趣，也受益良多。

太陽快要下山了，老太太小聲的對我說：「等會太陽下山海風吹來會很冷，你們還是先回去吧。」老太太的兒子遠遠的看見我們要走，過來問他媽媽要不要回去了？老太太故作微慍的說：「這裡夜景很好，海風吹得很舒服，我想多坐一會，我還未坐夠呢，回去做什麼。」

老太太很惜福，懂得遷就兒子的興趣，同時也一起享受兒子的嗜好。豈知一個晴天霹靂，兒子突然去世，一切美好的事物瞬間變成遺憾。媳婦病倒更增加她的憂慮。人生至此，不堅強又能如何？

喪禮完畢，老太太還親自送兒子去火葬場，然後帶著孫兒匆匆趕去醫院看望媳婦。

人生有許多無能為力的遺憾，再堅強的人終歸也八十五歲了。媳婦一向身體不好，孫兒要讀書，以後的日子誰來照顧她？我建議她去老人院養老比較合適，那裡有人照顧……。

老太太搖搖頭，苦笑的說：「我不會去的，我每個月八、九百塊老人金還不夠給住院費，每月起碼還要貼上千元，我哪有這筆錢？再說，媳婦身體不好，孫兒尚小，還要讀書，我希望能再陪他們幾年。我這幾百塊錢雖然不多，夠我開銷，還可以存幾個棺材本，到時不能再拖累家人……。」

定邦很懂事，毅然挑起父親的重擔，接下父親的工作。這個土生土長的孩子，從小在家裡跟父母都說英語，直到要搬來溫哥華和祖母一起住，父母才開始教他家鄉話，以便和祖母溝通。

這幾年，定邦在磨煉中成長，成長中磨煉，讀書、打工、照顧家庭，樣樣都兼顧得很好。讀書成績很好，由菲沙大學轉讀卑斯理工學院，說是可以快點找到工作。

老太太的身體越來越弱，連走路都困難了，家庭醫生了解她的家庭狀況，認為她可以住院治療。住了幾天，老太太不習慣，她要回到自己的家裡。難得的是媳婦、孫兒都順她的意，孫兒還去租了一輛輪椅，方便母親在家裡照顧。

有一天，可能是祖母吃壞了肚子，半夜裡來不及上洗手間，把床單、被褥、地毯都弄髒了。定邦的母親說：「看定邦跪在地下清理，我心裡好難過。」第二天定邦把被褥拿去自助洗衣店清洗，連那位兩天來一次的護理人員聽了都稱讚敬佩不已。

老太太臥床一個多月，每天有護理人員來清潔照顧。最後幾天，護理人員看出老太太大限已到，問要不要送去醫院？老太太的媳婦說她不喜歡醫院，隨她去吧，就讓她在自己的家裡吧。

老太太不是生重病，沒有難忍的痛苦，只是老了，風燭殘年，油盡燈枯，終至熄滅。

老太太的靈車慢慢的駛去殯儀館對面的火葬場，我們步行過去，在火葬場的小禮堂裡，又舉行了簡單的告別式，棺木隨即送入焚化爐。

我站在焚化爐上面大玻璃窗向下望，目送老太太升天。看著定邦按了鈕，劃下了句點。

定邦禮貌的和牧師一起與送殯的親友握手致謝。他看見我，親切微笑的擁抱我一下，我心中感到無限溫暖。我看到人生善良美好的一面。

定邦把祖母的骨灰捧回家裡，遵照祖母生前的吩咐，要將骨灰灑到海裡。定邦有位朋友對他說；他有艘私人遊艇，可以幫他做這件事。可是等了幾個月都沒有消息，祖母的骨灰就這麼在家裡擺了幾個月。

有一天，定邦在報紙廣告上找到一艘出租遊艇，約定好時間、地點，便與母親捧著祖母的骨灰罈去到西溫碼頭。找到船東，付了一百塊錢，船東還很親切的扶了定邦母親一把，隨即將船開到離岸不遠的海域。定邦和母親一起將祖母的骨灰倒入大海，骨灰罈也沉了下去。

五年前，也是同樣的情景，老太太帶著媳婦，捧著兒子的骨灰罈，叫了輛出租車去到西溫碼頭。沒有通知任何人，也沒有任何儀式，連定邦都不讓他去，免得影響他讀書。到了碼頭，找了一艘有人的船，說明來意請他們幫忙，沒想到船東竟然爽快的讓她們上了船。小船離開碼頭，在不遠的海域停了下來，婆媳倆把骨灰倒入海中，骨灰罈也沉了下去。老太太返回碼頭後，遞了點錢給船東，說了聲謝謝，船東把錢塞進褲袋裡，沒有說話。老太太的媳婦禮貌的再向他道謝，船東也沒有說話。一句話都沒有說，就這麼完成了這件大事。

老太太去世一年了，我經常打電話給她媳婦，關心她的近況。前不久她還興奮的告訴我；定邦很好，老闆很喜歡他，他也很喜歡這份工作。定邦每日早出晚歸，平時她就一個人，整天看電視，祖母在世時，她們只看粵語台，現在什麼台都可以看。生活很好，就是寂寞了點，看電視的時候沒有人說話……。

我問她定邦有沒有女朋友？她說定邦還想讀書。她很高興的告訴我；定邦只要一有空，就會帶她出去吃飯，還是去那間祖母最喜歡去的餐館。以前他們一家四口人，每次去吃飯都點四樣菜。定邦的父親去世後就點三樣，現在只剩她母子倆，點兩樣就夠了。她還得意的說：「定邦的胃口好，通通吃光……。」

定邦和祖母一塊生活了十幾年，受祖母的影響，也愛上中式的飲食習慣了。

老太太雖然信仰佛教，但她說她很少去寺廟燒香拜佛，她說佛在心中就可以了。

日常生活中，老太太不迷信，也沒有忌諱，所以她的生活過得很隨意、很自在。她能用智慧掌握自己的生活，的確是一位值得敬佩的老強人。

世間事都有因果，有一首佛偈說：「若知前世因，今生受者是；若知來是果，今生做者是。」老太太今生與家人相處融洽、愉快，是善緣。如果有來生，肯定也是善果。

敦煌守護神常書鴻

一九八八年四月，日本奈良斑鳩法隆寺，夢殿飛天紙門重繪開光典禮。繪紙門的中國畫家常書鴻、李承仙夫婦親臨主持。

當時剛剛過完八十四歲生日的常書鴻，克服了心臟病，偕同六十四歲的畫家妻子李承仙一同參加開光典禮。儀式最後，常書鴻在飛天畫上蓋了印章，算是完成任務了。

典禮完畢後，兩位老人漫步到寺中花園賞花的倩影，讓人留下深刻印象，這對歷盡艱辛，憂患與共，甘苦共嚐的畫家夫婦，令人敬重。

兩年前（一九八六年）的七月，常書鴻夫婦訪問日本時，參觀了被大火燒過的奈良斑鳩法隆寺，這座一千三百年前建造的古寺，據說興建時還由青島運來兩萬塊石頭，可見當時建寺時的慎重艱巨。不幸曾遭火劫，修復後夢殿的飛天紙門僅存一幅，而且也破舊不堪。常書鴻感到非常婉惜，同時也感到非常驚訝，他觀察到日本奈良法隆寺的飛天，和中國敦煌莫高窟的飛天似是同一人的手法，應該是同一人所繪。他感到太不可思議。繪畫的人是誰？他相信日本法隆寺的紙門飛天和中國敦煌莫高窟的飛天，一定有著密切的關係。因為臉型和衣服都一樣，好像是放在一塊描繪似的。

常書鴻和妻子在一幅唐初的飛天女前註足沉思很久；隋朝的飛天有花和雲在身邊，飛天女的面型較長，到唐朝後就變成現在的飛天女，不胖不瘦……，他感到不可思議。

常書鴻夫婦在離開成田機場時，答應送行的高僧，他會為法隆寺重繪飛天紙門。

過了一年（一九八七年），日本高僧果然親送繪紙到北京。他們解釋繪紙門的紙必須特別製造，是用麻做原料，紙造好後要用一種觀音水不斷的沖，才會無菌，才可以永久保存。

當時北京天氣炎熱，工作非常困難，常書鴻說須待酷暑稍退，才能展開工作。而且常書鴻在文革時曾受過傷，因此天天有人來為他檢查身體。每天早上，夫婦倆到公園散步，打太極拳，以保持體力，到了晚上工作才會比較順利。李承仙忽然想到要去市場買對蟋蟀，深夜裡，夫妻倆人在寂靜的畫室繪畫，聽著蟋蟀單調的叫聲，全神貫注在工作上……。

他們說要把法隆寺的飛天女和敦煌的飛天女區分最為困難，手勢和表情都要特別注意。他們先畫出各種手勢，手勢畫好後才畫其他部份。夫妻倆潛心合作繪畫的情景，靜寂得有如躺在母胎中的安寧，繪畫已到達入定境界。

年輕時的常書鴻，留學法國，飲譽法國畫壇，曾獲頒多項大獎，作品亦被多個美術館收藏。已經名成利就。某天，常書鴻偶然看到一本印刷精緻美麗輝煌的敦煌畫冊，他驚愕得有如發現了寶藏，感觸不已。身為中國人，卻不知道自己的國家有這麼好的文化藝術。他學的是西畫，受西方藝術影響，以為西畫是世界上最好的藝術，完全不知道自己國家的古老文化會有如此璀燦輝煌偉大的藝術寶藏。他感到慚愧，也感到恥辱……。

常書鴻被一本畫冊所感動，竟然改變了他的一生。毅然放棄既有的成就、名利，及優越的生活條件，回到了自己的國家。

常書鴻一九四三年到了敦煌，認識了當時剛由美術學校畢業，也是到敦煌研究敦煌藝術的女學生李承仙。是天賜良緣，也是緣訂三生，幸運的得到敦煌諸佛菩薩的祝福，讓兩位志同道合的敦煌仰慕者結為夫婦。

這對夫婦在敦煌一住四十年，由一位自由創作載譽國際畫壇的畫家，成為敦煌刻苦耐勞，勞心、勞力、勞神的敦煌守護者。

常書鴻初到敦煌時，觸目心驚，到處斷垣殘壁，很多畫都被埋在沙中，石窟也毀壞了，他感到非常痛惜。加上生活上的一切物資都非常缺乏，連最起碼的生活條件都談不上。無奈中只好在石壁上鑿了張書桌，用紅柳枝做筷子，用紅柳枝編籃子作為用具。更嚴重的是那裡的水質鹽份高，不能熬粥，越熬越鹹，吃了連嘴唇都變白。生活全靠自給自理，艱苦情形可想而知。就在這種艱苦困難的工作生活環境下，兒子在石窟出生了。

常書鴻和李承仙竟然能在莫高窟一住四十年，只因兩人志趣相投，才能同心合力研究飛天，維修文物。一個名成利就的知名畫家成為修補壁畫的工匠，夫妻倆樂此不疲。他們的辛苦辛勤努力，終於獲得當局表揚，頒發獎狀，獎勵他們維護敦煌文物的貢獻和努力。不幸碰上文革，常書鴻被罰勞改，罪名之一卻是畫了沒有價值的飛天女。在那種情形下，常書鴻認了罪，寫了悔過書，所有的東西都被沒收。當時批鬥他的人竟然是和他一起工作的畫家，他們也十分無奈的在獎狀上打了個X。算是執行了任務。

人生有許多無能為力的遺憾；李承仙拿起一張獎狀，笑著說：「你們看，這個X打得多漂亮……。」李承仙是一個非常熱愛工作、熱愛生命、有著堅強毅力的好妻子，也是一個堅持執著理想的畫家，同時亦是一個敦煌藝術的維護者。

一九八八年，艱巨的飛天繪畫工作終於完成了。對一個八十四歲的老人來說，的確算得上艱巨。如果不是有妻子李承仙的輔助合作，這件工作很難做得完美。在寄回東京前，當時的書法家佛教協會理事長趙樸初先生還題了字，寫了首詩，配合常書鴻的畫，歌頌飛天女再飛三百年。

這是一對令人敬重的人間夫妻，他們幾十年經歷過最艱辛、最痛苦、最無奈的歲月，把敦煌從斷垣殘壁沙礫中找出來。

金剛經說，生命如夢幻泡影。很多景物都如過眼煙雲，轉眼成空，不復記憶。唯獨十幾年前看過的這卷錄影帶，兩位老人深夜聽蟋蟀作畫的情景，兩位老人在完成艱巨作品後，在花園中賞花的倩影，深刻的留在心中。

若干年前有幸又看了一則錄影報導：日本NHK「絲路之旅」製作人之一鈴木肇先生二十年前曾在敦煌拜訪過常書鴻，二十年後舊地重訪，常書鴻已經去世，住所改為常書鴻紀念館，寫著 敦煌守護神常書鴻 。有一位老太太陪著他去參觀，沒有介紹，不知是否常夫人李承仙？鏡頭出現依然是黃土牆壁，依稀看見石壁鑿的書桌仍在，常書鴻的遺像掛在正中，鈴木先生恭恭敬敬的鞠躬合十。書房很整潔，書櫃裝滿了書，有一本 九十自述 的書，很顯眼的擺在架上，相信常書鴻先生去世時一定超過九十歲。

德高望重安享晚年，這就是福報。老太太又帶鈴木先生到內花園參觀，園中種滿花卉，鈴木先生驚訝的說，這些花是他二十年前拜訪時，從日本帶來送給老人家的，沒想到還這麼茂盛，真是奇蹟；他問老太太要了些種籽，說要帶回日本去種，讓它又移植回日本，也算是輪迴吧。

老太太帶鈴木先生去看常書鴻的墓，就在園中一角，老太太掃開樹葉，出現一塊碑石，寫著　敦煌守護神常書鴻之墓　。鈴木先生蹲下再度合十，默默祝禱。鈴木說當年訪問老先生時自己才四十出頭，而今老先生作古，自己也六十二歲了，言下不勝感慨神傷。

敦煌守護神，常書鴻實至名歸，當之無愧。近半個世紀來，介紹敦煌、報導敦煌的文字已很多，唯獨當年這卷錄影帶的故事，深深的被它所感動，幾十年記憶尤新。希望敦煌能有多點像常氏夫婦這樣的愛護者、守護者。在此謹向這對永遠的敦煌守護神致上最虔誠的敬意。合十。

北美世界日報上下古今版二〇〇九年十一月十一—十二日刊出

最後的合十

有緣認識馮馮，實在是意想不到的事。我是到溫哥華後由朋友介紹先認識了世界佛教會九十高齡的馮公夏會長，是一位儒雅德高的老先生。朋友向他介紹我是一位台灣來的作家，他聽了很高興，說他也有親人在台灣，並說要介紹我認識他的侄兒培德（馮馮），也是一位作家。我看過馮馮很多小說，後來看到他寫的「禪定天眼通實驗」與「太空科學核子物理學與佛教的印證」，覺得世間事不可思議，對他很景仰佩服，沒想到這麼容易就見到了，而且一見如故，真是有緣。

我在溫哥華住了十幾年，我們全家已和馮馮成為好朋友。他母親種了菜會叫我們去摘，我們時常也做些素食拜訪他。他來我家時會教我小孫畫畫、摺紙，他說他早年曾得過日本摺紙比賽第一名；看見小孫彈琴，他一時興起也會坐下來彈一會，他說他沒有在別人面前彈過琴，因為他不會看五線譜。但他會作曲，大陸中央合唱團曾唱過他寫的佛曲；莫斯科交響樂團演出過他寫的芭蕾舞劇「水仙少年」。他曾為慈濟醫院募款看病，並把珍藏的手串佛珠等物獻給慈濟作為醫學院教育基金。他說他對宗教有超然的看法，不執著於一種教義，也算是奇人。

馮馮說他世間已沒有任何親人，只有母子倆相依為命，母親身體越來越弱，自己也越來越老，七十幾歲要照顧九十幾歲的老母親，常會力不從心。母親又非常固執，拒絕任何人照顧，包括醫院派來的家庭護理。他的日籍家庭醫師認為她應該住院也被她堅決拒絕。幾個月來，馮馮日以繼夜的一個人守候服侍，大小便要抱上輪椅推到洗手間再抱上廁所，一天好幾次。起先還要推到浴缸洗澡，後來由於實在太疲弱坐不穩才在床上用抹澡。我們知道馮馮很辛苦，但愛莫能助，也很無奈。只能隔天去陪陪他。

有一天，馮馮打電話來要我們去的時候到藥房買些紗布、消炎藥膏，他家裡的已快用完。我們到的時候馮馮正為他母親換藥，我們雖已很熟，但還沒有這麼親近過。我二媳婦站在馮馮身旁看了一會，微笑的問婆婆：「我來為您換藥好嗎？我會輕輕的，我以前是護士呢。」婆婆望她一眼，竟然沒有拒絕，就這樣換了手，接下這份工作。馮馮站起來長長的舒了口氣，覺得太不可思議，頻頻的説：「為什麼她不拒絕？為什麼會要你們？」我說：「這也許就是緣份吧！」

於是我們隔天去一次，起先二媳婦還和馮馮一起推婆婆去浴室洗澡，多個人幫忙馮馮鬆了口氣，回到床上換藥，傷口已潰爛出水，二兒在旁幫忙處理，包紮好後並輕輕的為她按摩，活動一下手腳，她似乎完全接受，沒有一點拒絕之意，馮馮非常感動，頻頻拭淚。從此兒媳為婆婆服務的時候，我和馮馮則在隔壁書房聊天。那時馮馮已開始寫他的自傳「霧航」，他説母親睡了他就寫。桌上已寫了一大疊，他説我可以看看，提供點意見。之前我已知道他要寫的內容，就曾勸他不要寫，何必再傷心痛苦一次呢！

馮馮是個很固執的人，無人可以勸阻他。他也承認寫得很辛苦，時常會停筆痛哭。

莫非是因果？！説來奇怪，我比馮馮大幾歲，我們是到溫哥華才認識的，但我們從小到老卻有著很多相同的時空際遇；我們都在廣州市出生，我們的父親都是黃埔軍校的軍官，抗戰時我們都在桂林讀過書，勝利後又都回到故鄉廣州，大陸撤退時我們都到了台灣。我住左營，他入讀左營海軍官校，後來我隨海總搬到台北，他也在台北發展。我們都是亂世失學之人，卻共同都有閱讀、看電影的興趣。他是真正天才，懂好幾國語文，聽他談文學、宗教、藝術等於是上課，受益良多。更奇的是我們全家都體驗過他的奇能天眼，的確不可思議。

幾年前的一天，上午十點左右，接到馮馮慌張的電話，叫我二兒馬上過去，他母親剛剛往生了。我兒媳趕到的時候，門口已停有警車，馮馮和警察似在做筆錄。二兒和他們打了招呼，急步上樓，説去看婆婆。馮馮驚惶的跟著二兒進入房間，看見婆婆身體微弓，眼睛未合，口微張，乍看心裡會吃驚，二兒隨即用手輕輕的幫她合上眼，蓋上被單……。

我們昨天才去過馮馮家，和往常一樣幫婆婆潔身、更衣、換藥。我每次都會向她打招呼，昨天她看我進來，雙手合十瞬即放下，我從未見過她有這種動作，當時也有點愕然，現在想來，冥冥中莫非是告別。

兩天後，我們幾位憂傷與共的朋友陪馮馮到海景墳場殯儀　商量喪葬事宜，馮馮決定採用天主教儀式，以紀念他幼年在廣州石室幼稚園那段美好時光。在接待室與主事談妥後，我們又陪馮馮去選棺木，馮馮寸步難行，需攙扶著進入棺木陳列室。各式各樣宗教用品都有，棺木有大有小，像個博物　擺設，非常安謐、肅穆。我頭一次到這種地方，心中甚是悲涼感慨。

出殯那天，我先到禮堂參仰婆婆的遺容，見她安祥的躺著，經過化妝的面容，比在家裡見到的好看得多。有個兒子幾十年都陪伴在身旁，享壽九十八歲，夠福氣了。

幽悠飄渺的音樂圍繞靈堂。弔唁的賓客陸續到來，我去安慰馮馮，他見到我，聲音暗　的說：「等會叫邁可（我二兒）陪我，我要他保護我。」

儀式即將開始，慈濟來了很多志工，有穿著深藍的旗袍頭髮向後梳得整整齊齊的，也有穿著藍白褲裝的志工，井然有序的坐了好幾排，給靈堂增添了隆重肅穆的氣氛。兩位主事者拿出一對高燭臺擺在靈柩兩旁點亮，兩人肅穆的向靈柩微微一鞠躬，把棺木上的花籃移開，蓋上另一半棺木，再將花籃放回棺木上。儀式是由主禮神父和馮馮的好友曾是修士的兄弟共同主持。馮馮由二兒和詩人王祥麟攙扶著緩慢的走出來，馮馮還算鎮定，他走到我和家人坐的地方，停下來輕聲的說：「親屬席沒有人坐，你們坐過去好嗎？」我心中突然一慟，好蒼涼的人生。主禮輪流講述老人生平和讚美天父。禱告的時候，靈堂播放的音樂是馮馮事先選好的加拿大女歌唱家唱出聖母頌、奇異恩典。歌聲中充滿哀傷、悲淒，觸景傷情，柔腸寸斷。馮馮已站不穩，兩個人吃力的攙扶著跪了下去。

兩位主事者又出來向棺木微微鞠躬，再度把棺木上的花籃移開，揭開棺木的上半蓋板，讓弔唁的來賓做最後的瞻仰。我們陪著哀痛欲絕的馮馮看著棺木蓋上，從此天人永隔。靈柩緩緩的推出靈堂，慈濟的志工們沒有離去，仍然整齊排列，恭送靈柩上了靈車。火葬場就在海景墓園裡，此地禮俗，火葬點爐由最親的人按鈕。馮馮悲苦的說他辦不到。

馮馮拒絕朋友建議把母親的骨灰安放在靈骨塔，他仍然堅持與母親相依相伴。把母親的骨灰放在家中，朝夕供奉茶飯。沒多久馮馮說要帶母親去夏威夷還願，我們猜想可能他想要轉換環境，轉換心情。離開溫哥華那天上午，幾位好友齊聚我家為他送行，大家默默的吃著素餐，照了幾張相片留念。這幾位朋友和馮馮認識了二三十年，有兩位馮馮還曾救過他們，他們的友情比我們還深，離情不勝依依。

馮馮初到夏威夷，電話中似乎很好，當地也有很多老朋友，他說買了電腦，準備用電腦創作樂曲，以後不再寫作了。正為他能轉變心情而高興，沒料傳來得了胰臟癌，醫生診出發覺太晚了，情況不樂觀，建議做化療，真是晴天霹靂，無常來得太可怕。一向懂得醫療、曾幫助過無數人重拾健康的馮馮，竟會得了絕症。

他電話中說決定回台，台灣朋友多，醫療資源也多。對台灣，馮馮有著一份既痛苦又無法割捨的感情。怎料到溫哥華分別才一年，就傳來馮馮往生的消息。人生結局何太匆匆。恍然想起大陸深山寺院的一副對聯：

雪積觀音，日照化身歸南海。

雲成羅漢，風吹漫步到西天。

我想馮馮母子一生，是否可作如是觀。

文訊月刊二〇一〇年一月號二九一期銀光副刊刊出

是客？！是家？！

寒冬已過，又到四五月櫻花初放的季節，氣溫轉暖，園藝也可以動手了。于老太太把屋前屋後兩個小院子充份利用。前院種花，她學著鄰居到苗圃買些培植好的花苗，搭配各種顏色種得很好看；後院菜園她就更用心了，算好時間種下各種瓜、豆、蕃茄等菜苗，收成時家裡幾乎不用買蔬菜，是她感到最高興的成就。她除了幫忙照顧兩個孫兒放學回家開門後弄些點心給他們吃，其他就不必管了，她可以全心放在園子裡。

這天她翻土整地比較累，吃完晚飯就回房裡休息看電視。兒子輕輕的推門進來，坐著陪她看電視；往常他是很少這個時候進來的，因為晚上兒子還有很多事情要做，聽說今晚還要加班。兒子沒説話，她先問兒子：「有什麼事嗎？有事要和媽媽説嗎？」她兒子于仁杰本來就比較木納，平時在家裡話就不多，她眼睛離開電視轉向兒子，等他説話。仁杰滿腹心事，小聲的説：「媽，我是有事想跟您商量一下，我和秀英在大陸天津找到了工作，所以，所以我們要把家搬到天津去，不知媽媽有什麼意見……。」

老太太像是突然被雷擊中似的，暈了一下才慢慢回過神來，血壓一下子升高許多，提高聲音：「你們工作都找到了，還商量什麼？你們要把家搬到天津去，問我有什麼意見？我還能有什麼意見？那，這個家呢？兩個孩子讀書呢？悶聲不響的突然告訴我這麼重大的事情，現在才問我有什麼意見？一定又是秀英出的主意，你們也太過任性……。」

于家媳婦楊秀英原來想讓丈夫單獨告訴婆婆，她不參加意見，聽到婆婆生氣，也緊張的推門進來微笑的坐在婆婆床邊：「媽，您先別生氣，我們是怕事情弄不成，會讓您擔心，所以等到事情決定了才敢告訴媽媽；其實我們有很多事情都沒有告訴您，這幾年仁杰在溫哥華的工作並不如意，他的工廠兩年前就搬到大陸了，當時他老闆還問他要不要去大陸工作？仁杰說他有老母妻兒，一大家人怎麼去……。」老太太把頭一昂，瞪著他們：「那你們現在為什麼要去？」

秀英知道丈夫無法回答媽媽，仍然微笑著婉轉的說：「那時候我們的確不想離開這裡，仁杰說他是工程師，容易找到工作，沒料到好幾家公司的工廠都跟著搬去大陸，大家都知道大陸人工便宜市場大，所以，仁杰就一直找不到合適的工作……。」老太太詫異的看著兒子：「他現在不是每天都在上班嗎？」秀英有點難為小聲的說：「他只是在做按鐘點計酬的工作，臨時人員，他已換過好幾個工作了，都無法做下去，所以我們才……。」

「那就回台灣去，台灣做得好好的工作跑出來，說什麼為孩子讀書教育好，結果是受氣受罪，現在還說要去那麼遠的地方，不知道你們是怎麼想的，要回就回台灣去……。」

秀英耐心的解釋：「媽，現在台灣也找不到工作了，當初仁杰離開台灣也是不得已，只是沒有讓媽知道而已，這些年台灣也是很多人把廠搬去大陸，投資……。」老太太不想聽媳婦嘮嘮叨叨，生氣依舊：「想來就來，把台灣住得好好的房子賣掉就來，現在住得好好的又要搬走，那，這個房子呢？難道又要賣掉？」

這是仁杰夫婦最擔心的事情，到了現在秀英也只好硬著頭皮用更溫柔的語氣故意笑著說：「媽，這您放心，這房子已經有人要了，比我們當初買的時候漲了很多，這都是媽媽您的福氣，我們到了天津買一間比這間更好的，聽說現在天津很熱鬧，也有很多台灣人搬去。我媽媽也回天津陪我外婆了，我外婆在天津住了幾十年，我們有很多親戚都在那裡，我們可以請個阿姨做家務，您就可以自由自在的愛怎麼過就怎麼過，我媽說她會陪您到處去逛……。」

原來如此，老太太恍然大悟，深深的吸了口氣，這一切都是安排、計算好的，還有什麼好說？忽然又有點頭暈，而且也無話可說，閉上眼睛示意想睡覺了。

仁杰夫婦退出房間，媽媽不再說話，以為同意了。夫妻倆正式開始搬家事宜。

仁杰能得到這份新的工作的確很理想，是在大陸投資的台商主動託人找到他。由於欣賞他的才能，為了希望他能全心全力工作，還幫他找好房子安家，這麼好的條件，他當然十分滿意。唯一擔心的就是母親是否會同意搬去大陸？起初看母親很生氣，幸好秀英有辦法，説動了母親，總算可以安心去大陸工作了。

老太太無法接受這突來的打擊，也無法相信是真的事實，她想不通，無法理解。想來想去，最後，她認定是秀英，一定是秀英；秀英太能幹，仁杰太老實，要搬來溫哥華的時候，秀英説得頭頭是道，讓自己不同意也不行，連賣房子、找托運、辦孩子轉學等等，都是她一手張羅的，當時還覺得她很能幹，不用自己操心，跟著享福就是了。現在想起來，是被她擺佈了；台灣房子她曾跟秀英説不要賣，也許還會回來，房子賣了就等於根也拔了，不如先租房子住，以後再看情形，台灣房子可以租給別人，租金可以在這裡付房租，這樣才不會吃虧後悔。老太太認為她想的方法很周全，可是秀英不同意，她認為租房子住得不安心，沒有家的安全感，如果萬一真的會回台灣，溫哥華的房子賣了，一樣可以在台灣買回來。果然如自己所料，她現在又要賣這間房子了。對住過的房子一點感情都沒有，說賣就賣，而且又不是回台灣，要去什麼莫名其妙的地方，看來她是處心積慮走這一步，決不能再相信她了。自己已老，不甘心被她擺佈，也不會再跟她四處亂跑。只是，仁杰太老實、太純良，一切都聽老婆的，還以為他命好運氣好，娶了個賢妻良母，現在看來，跟老婆回娘家工作，是不是窩囊也不敢說，看他這幾天開心的樣子，也不想說什麼了，現在說已太遲，他們已經決定的事情⋯⋯。

自從知道兒媳的決定，老太太開始心神不寧，一直在心裡自言自語，反反覆覆，思前想後，越想越生氣，越想越不甘心。她已下定決心，不跟他們去，絕對不再跟他們去。當她冷靜下來的時候，她又憂心起來，不跟他們，行嗎？一個人回台灣，行嗎？終歸已老了，不能再像年輕時那樣想做什麼就做，從未被事情難倒過，仁杰的爸爸就很佩服她的能力⋯⋯；她忽然又有點自豪起來……。但是，問題仍未解決，何去何從？他們馬上就要行動了……。她又陷入苦惱中，看來自己是無法解決問題，總得有個人商量問問，說說話才好。

苦思中，忽然想到開農場的曾太，是在佛教會認識的。那天曾太送農場種的蔬菜到佛教會，聽出她的客家口音，於是主動攀談，知道她是屏東客家人，二十多年前和丈夫來溫哥華近郊蘭里開農場。老太太用客家話介紹了自己，也是台灣新竹來的……，一談如故，從此成為故鄉人。每當佛教會有法會，曾太一定會去，平時星期天如果不太忙也會去，她們已經成為多年的家鄉親人了。農場在溫哥華近郊蘭里，住家在市區便於孫兒們上學，曾太和兒女媳婿都是兩邊跑，忙的時候就住在農場裡。曾太六十多歲自己會開車，經常來接老太太去農場玩，每次老太太都會做些糯米粑、鄉土糕點帶去，十分受歡迎。尤其是曾先生，大家都叫他曾伯，一見到老太太來就叫她親家姆，非常親切，他鄉遇故知……。

一想到曾太，老太太精神為之一振。找她談談，聽聽她的意見，雖然她是局外人，但也只有這個局外人可以信任。希望她能告訴自己，如果換做是她，她會怎麼做？趁兒媳不在家的時候，老太太匆忙打了個電話給曾太，告訴她有急事商量。曾家車多人多，而且大家都很熟稔了，接送之事自不在話下。

由曾家回來，老太太的心情輕鬆了一點，但還是有很多的不安定，而且，似乎事情會更為複雜……。

仁杰看見母親回來，面色不再那麼凝重，他知道母親有很多佛教朋友，可能會和朋友話別。吃晚飯的時候，他討好的對母親說：「媽，您去到大陸就知道大陸的佛教有多興盛了，寺廟雄偉，金壁輝煌，世界最偉大的佛殿就在大陸……。」老太太瞪他一眼，眉頭一皺：「你怎麼知道？你去過大陸看過嗎？」秀英馬上笑著接著說：「不用去過大陸才知道啦，電視上經常有介紹，媽媽是沒留心看而已，如果您親眼去看會被它嚇到的，我很多朋友都是這麼說的。」仁杰也興奮的接口說：「等我們去到安定之後，有空我就帶媽去各地寺廟朝拜，到處參觀，到處吃喝玩樂……。」

老太太扒著飯，心裡頭哼了一聲，這個平時木訥的兒子，也會跟著唱戲了。吃完飯老太太要回房，秀英一邊清理桌子一邊問：「媽，您的東西要收拾一下嗎？我們只帶行李，所有傢俱連同房子一併賣給人家，所以我們這次搬得很輕鬆……。」

老太太心裡又是一顫，想放鬆自己談何容易？她沒有理采，當做沒聽見回房去。回到房裡心情更為沉重，沒有馬上洗澡先在床上躺一會，身心都累了，閉著眼睛想起白天在曾家的談話。當時她把這幾天發生的事情説給他們聽，結論是她不想跟兒媳去大陸，又不想回台灣。因為台灣房子給他們賣了，要買回那種房子談何容易？隨便找一間一個人住，太寒酸、太淒涼，難道回去住老人院？所以……。

曾伯聽完她的故事，想了一會，率直的問：「妳既不想跟兒媳去大陸，又不敢回台灣，那就只好還是留在溫哥華，對不對？可是，妳喜不喜歡溫哥華？妳如果喜歡溫哥華和妳無可奈何無處可去才留在溫哥華是不同的，這對妳的心境很重要。」老太太低頭沉思一會，幽幽的説：「是有點無可奈何，但我真的很喜歡溫哥華了，我在這裡也住習慣了；這裡很安靜，空氣很好，這些年來我的氣喘不用吃藥好了，皮膚濕疹也好了，這是直接改善我的健康，所以我才能把花園、菜園弄得很好，雖然院子很小，當然不能跟你們農場比，但……」。

曾太笑著說：「我們農場是做來吃飯的啦，不但是我們家，還有很多雇工的家庭也依靠我們給他們工作呢。妳是命好呀，早晚摸摸就行了……。」曾伯知道了她的心意，斬釘截鐵代她做決定：「既然妳喜歡溫哥華，那就留下來吧，不要再三心二意折磨自己了，有問題我們一起來解決，好嗎？妳兒媳走了之後，妳就搬來我這裡住，大家都是天涯鄉親一家人，妳信得過我們，妳就安心留下來。妳留下來想過怎樣的生活？以後再商量，我們一定會幫助妳，妳只要不見外把心裡想的事情說出來就好……。」

老太太一面聽一面流眼淚，後來竟然泣不成聲，在外人面前，她從沒這麼失禮過。她匆匆的走進廁所，出來的時候已經鎮靜多了，還帶點笑容的說：「真不好意思，人老了就這麼不中用，連累你們為我這個與你們不相干的人操心，真是罪過……。」曾先生馬上接口：「不相干？妳發生這麼嚴重的事情，頭一個就來找我們，妳還說我們是不相干？」

老太太為之語塞，只能深深的吸口氣，默然很久：「我怎麼跟兒子說要留在這裡呢？他絕不會同意，也害苦了他。回台灣也一樣，他絕不會答應我這麼做，一樣為難他。所以我一直沒對他們提意見，也不敢提意見，他還以為我同意跟他們一塊去大陸呢！」曾太關懷的問：「他們什麼時候去大陸？」，「大概快了吧，每天都看他們在收拾東西。」，「妳把時間問清楚我們才好辦事。」曾先生說話爽快乾脆，老太太已較為安心，只是……。

第二天她問秀英：「你們什麼時候去大陸？」秀英沒聽出「你們」的語病，很愉快的說：「等孩子們學期結束就去，暑假可以用來適應那邊的學校。不過……，可能仁杰會先去，那邊工作在催他呢！」老太太腦袋又被轟了一下；兒子先去？不是全家一起去？事情越弄越複雜，她用力的吸口氣，用力深深的吸口氣，急步走到菜園。看著那一行行整整齊齊的菜畦，馬上就可以下種籽了。下種籽？她淒酸的笑一笑，轉身回房。

上班上學的都走了，老太太打起精神，把那天曾太太送她回家時路過華人超市買的糯米粉、菜脯、冬菇等食材拿出來，做她最熟識的客家菜粿。媳婦也知道她常會做些素糕點送去佛教會，還很高興說婆婆的生活過得很充實。

老太太把溫熱的菜粿拿出來，大家都停手圍著吃，連工人都有份。曾家的大兒子笑著說：「我一接到電話就馬上去接婆婆（他跟著孩子們叫她婆婆），連貨都不送了，我就知道有東西吃了……。」曾太太焦急的問：「你真的還未送去？」「送去啦，剛到家就聽到電話……。」

大家吃得津津有味，又講又笑，老太太卻心神不寧的望著遠方。大家吃完又去工作了，曾太拿了張矮凳子坐在她身旁，想陪她聊聊。「今天怎麼只有兩個工人？」老太太望著遼闊的農場順口問著，「平時我們就請兩個工人，其他的都是自己做，做農場不容易啦，沒有一天清閒，現在有些要移植，有些要接枝、施肥、去蟲，到了開始結果時，要請些工人用紙包好防鳥吃，成熟時就要請更多的工人了，收採裝車運送給客户，也有自己來收採自己運回去。那是最忙的時候，要看秤、要收錢、要記帳，連忙家務的媳婦也來幫忙，這些事一定要自己人做，不能請人的。」曾先生拍拍手上的泥走過來加入她們，在一張矮凳子上坐下，燃支煙悠然的吸著。老太太有點不好意思的看看他：「我來打擾你們的工作了，這個時候來打擾真不好意思……。」

「工夫長過命，那有做得完的事情，想休息就休息了，尤其是妳有事情來找我們，我就趁機休息啦。」曾伯說完看老婆一眼，噴一口煙，自己笑了起來。

「我昨晚想了很久，的確是拿不定主意，我媳婦說等孩子們放假就去，但可能我兒子會先去，那邊在催他。你們說那有像他們那樣做事的，竟然放心讓丈夫先去，他一個人去那邊誰照顧他？這一定又是我媳婦的主意，等孩子放假……。她是一點都不妥協的，完全不為丈夫設想，什麼事都自作主張，以表現她的能幹。我越想越心煩，你們說我是現在就告訴他們我回台灣，還是等我兒子去大陸後我再說，這樣反而好，她沒有權力干涉我……。」

「這樣不好，妳這麼做會拆散他們夫妻的，明明是一件好事，兒子找到新工作去上任，妳應該十分高興才是，如果我是妳，我會跟他們去，反正當初妳已經跟兒子出來了，妳就……。」曾太不認同老太太的想法，認為女人一切應以家庭為主，她本想說結婚從夫，夫死從子……，但她不敢說，她知道老太太個性很強，主觀很剛，說話要含蓄點，莫讓她多心。

曾先生不住的點頭：「我也認為妳應該跟他們去，這樣最省事，妳換一個角度想想，可能就不會這麼煩惱。妳說兒子很孝順，這就得了，兒子孝順媳婦一定會孝順的。」「我沒說媳婦不孝順，她就是太能幹，也很攻心機，兒子幾乎是被她牽著走……。」「那還不好嗎？他們本來就是牽手嘛，老來從子，古有明訓……。」「那也要看怎麼個從法，我只求一個安定的家，一個住習慣了的家，一個熟識的環境而已。如果跟他們去大陸，不知那一天他們又要搬家，我在台灣已搬過兩次家，最後買的那間住了十幾年，仁杰在那裡結婚，生了兩個兒子，樣樣順心順意……，不說了，說起我就傷心……。」

「過去的事不要再想它了，還是往好處想，既然已跟兒子出來走到這一步，就當它是出來旅遊。出來到處看看世界多好，我們兩個多想去旅遊都沒有辦法，只能等到兒子接手，農場交給他們經營，我們才能跟別人一樣到處去旅遊。」說到這裡，曾先生默默的望向太太，好像是說給老婆聽的。

曾太會心的點頭笑笑：「我知道妳生氣是他們沒跟妳商量，不尊重妳，但我覺得妳媳婦說得也有道理，萬一事情不成豈不讓妳擔心？所以才沒有事先說。」「那賣房子呢？總可以事先和我說一聲吧！」「那點是他們不對，也許他們真的不想讓妳操心，就當是他們無心之過算了。」

曾先生看老太太還在生氣：「我們不是怕麻煩拒絕幫妳，而是覺得妳這樣做有點不近情理，既然妳還沒有告訴兒子妳要回台灣，我勸妳最好再想想，雖然我沒有見過妳兒媳，我只聽妳說就知道他們都是好人。妳大概沒有看過老人院，我們送青菜去那裡，偶然也會和他們老人聊聊，都是不得已呀，誰不想和兒女、孫輩們住在一起？所以，順其自然吧。人生在世，那能每樣事都順心順意，總會有些波折，只要能克服心理障礙，看開了就是一帆風順。」

曾太怕先生說話太直，老太太會多心，馬上接口說：「我先生勸妳多想想也是好意，妳如果還是想堅持留在這裡，我們一定會幫妳。我女婿在旅行社工作……。」「對，妳先別急，我和他們年輕人商量，聽聽他們的意見再說，他們年輕人看事情也許比我們看得廣……。」

老太太不想再談這件事，忽然轉了話題：「你們怎麼會在這裡開農場的？怎不在自己台灣開？」大家都想改變話題，曾先生也有點警覺笑著說：「我是屏東農校，她是商職，我們同一屆畢業，她母親不准她嫁我，說嫁種田的會做到累死；要她嫁個上班的，才有好日子過。她鬧家庭革命，結果我們結婚了。婚後我們和幾個同學參加旅行團來到溫哥華，沿途看到很多秀麗廣闊的農場，有牛有馬，十分壯觀，感到很興奮。導遊聽到我們談話，帶我們去看農場。那時的農場很便宜，自耕農可以辦移民，很吸引人，條件也夠。我回去就把我們兄弟分的田產賣掉我那一份，帶著老婆就來啦！」

老太太笑了起來：「年輕真好，想做什麼就做什麼，一點都不用擔心。」「怎麼不用擔心？來了才知道辛苦艱難，唉！總之一切都挨過了，現在就等兒子們接手，我們兩個就可以……。」曾太示意他不要再說話，免得又……。曾氏夫婦說的話多少讓老太太感動，如果堅持留在溫哥華，後果如何不知道，他們雖說一定會幫忙，怎麼個幫忙？一點頭緒都沒有，她感到好累，最近似乎特別容易累，好想馬上回到自己的房間……。

一回到家就聽到孫兒大吼大叫：「討厭，你們好討厭……。」秀英有點不悅的向婆婆解釋：「我今天到學校和他們辦好轉學手續，不必等到暑假，這樣我們就可以和他爸爸一塊去天津。我不放心仁杰一個人去陌生的環境創業，總得有個人在他身邊有事可以商量。」

「我根本就不想跟你們去，我們在這裡讀得好好的，媽媽好討厭，妳說暑假我們才去，我們還和同學約好……。」

「閉嘴，好言好語都跟你們說了，還要鬧，回房去……。」仁杰把兩個兒子推回房間，心情愉快的對母親說：「媽，我現在就帶您去照相，您的護照到期了，本來不用這麼急的，秀英就是這麼操心。一塊去也好，秀英說如果我一個人先去，媽媽會擔心……。」

老太太把兒子叫到一邊坐下，慎重的說：「我現在不想去大陸，我想先回台灣，等你們安定了，有機會我再看情形，少一個人你們行動也方便些……。」老太太說的是真心話，她已決定不能留在溫哥華。雖然她曾想過很多自食其力的方法，終歸是想想而已，問題太多。唯有回到台灣她熟識的地方，她才能真正的自食其力，自己生活。仁杰有秀英照顧就夠了，自己是多餘的……。

仁杰驚愕的看著母親：「您怎麼忽然會有這種想法？是秀英說錯什麼話嗎？不會的，秀英絕對不會的，她什麼事情都為您設想，不如意的事情都不想您擔心，都瞞著您。您說少您一個人我們會方便些，您這樣說不怕傷了她的心嗎？秀英為您不知打過多少電話給她媽媽，把您的嗜好、習慣都告訴她媽媽了。還有空調要先安裝好，您的床墊不要太軟，您說，秀英會讓您回台灣嗎？」

老太太已淚流滿面，幽幽的說：「不是的，不是的，我只是想回台灣看看，我出來太久了，想回台灣看看而已。」仁杰又開懷笑了起來：「想回台灣還不容易，這裡飛台灣要十幾個鐘頭，天津飛台灣兩三個鐘頭就到了。我們搬去安定後，您隨時都可以回台灣，比這裡方便得多了。」兒子一席話，打開了母親鬱結多時的心，從此她對媳婦有了笑容，也開始整理她的東西了。

這天，老太太叫兒子送她去曾氏農場，介紹他們認識，說是佛教會認識的客家鄉親。曾先生看老太太陰霾掃盡，露出從未見過的笑容，知道問題解決了，他很想知道是怎樣轉變的？不用說，肯定是做兒子的功勞。他伸手誠懇用力的握著仁杰的手：「……我也很想回大陸家鄉去看看，雖然沒有認識的人，終歸還是家鄉，如果去得成，一定會去探望你們，我們還沒有去大陸旅遊過呢，聽說現在大陸比台灣繁華多了。我們和老太太有緣份，這麼遠的家鄉過來還能相識相聚……。」曾太也熱情的握著老太太的手：「……妳以後有機會再回溫哥華，我們歡迎妳來我家住，只要妳不嫌就把它當自己的家好了，是客也是家……。」

文訊月刊二〇一〇年二月號二九二期銀光副刊刊出

應中華民國筆會邀稿於近期將本文英譯後刊登於該會英文季刊

楊傳廣和他的馬蘭道場

民國六十三年中華體協奧運選手訓練營成立，楊傳廣是總教練。他曾經叱咤世界體壇，是亞洲鐵人、是奧運十項全能亞軍、是中華民國揚名世界的英雄。能親眼見到他，認識他，感到十分榮幸。後來又見到他那由美國來探親的太太南西，還有那好動、好問、好奇的兒子楊世運。南西很漂亮，身材好，她說她也是學體育的。我們像一見如故，偶然碰見站著就能聊很久。原來她是美國華僑，會點廣東話，而我是廣東人，在家裡都說廣東話，所以才會聊得很投緣。能認識楊傳廣全家，也許是緣份吧。

在訓練營裡，大家都稱楊傳廣 CK，和 CK 及其他教練認識久了，知道CK喜歡飲酒；有天請他在家裡小聚，好奇心想聽聽原住民同胞的生活點滴，於是把自己當成了記者。起初他比較沉默，靜靜的飲酒，他看見那盤炒豬肝，說他們原住民吃豬肝是吃生的，切片沾沙糖吃。他們自己釀的酒也沒有這麼烈，那天喝的是大麴，所以……。我看CK有點落漠的神情，不像原住民的豪放爽朗，也許我們並不很熟；我主動的敬了他兩杯，運動員耿直的個性很快就顯現出來。他不諱言現在的訓練和他當年自己的鍛練差得太遠；體協是民間團體，訓練中心沒有規定進度，各單項的教練有自己的想法，選手們、家長們又都要求要有合理的生活方式去訓練，所以CK說很難有成效，讓人看起來會有散漫的感覺。太舒適、太合理可能也是訓練的障礙。

我聽出英雄有點無能為力的感慨。的確一個人能成就揚名世界所付出的代價，就是克服任何挫折的艱苦磨練。

英雄也有赤子之心，關懷父母是中國人倫理之道，他說為了不能陪伴母親，他要在老家設個道場讓母親晚年和鄉人有個精神心靈寄托。楊傳廣的母親偶而也會到訓練營探望，每次來都會帶些山地的糕點請大家吃，所以營裡很多人都認識她。

馬蘭道場設在楊傳廣台東的老家。開幕那天，營主任和幾位教練同事親往祝賀，我搭便車隨同去參觀。一早由左營訓練中心出發，有些山路不好走，要好幾個鐘頭才到達台東。道場就設在楊傳廣馬蘭老屋的大廳裡，大桌上擺放著很多的貢品、法器、神像，屋裡擠滿了人，很熱鬧。我似乎記得楊傳廣穿了件道袍，手執法器，神情嚴肅的唸唸有詞，一屋肅靜。我被這氣氛感動，這麼簡陋的道場，卻能發揮如此大的凝聚力。原本還打算趁機四處參觀以了解些原住民的生活情形，因為要趕著回去，沒能如願，十分可惜。一個豪邁的運動英雄，竟然考慮到為母親鄉俚設道場以安度晚年，稱得上是孝子了。

曾經揚名世界體壇的英雄已逝，祈待後繼有人。

北美世界日報上下古今版二〇〇九年十月九日刊出

消失的濤園

世界日報周刊十一月份有一篇「長命百歲不是夢」的文章，報導大華府區英占敖老先生於二〇〇七年以一〇一歲高齡逝世，他的夫人英于素雲女士今年以一〇一歲高齡榮登百歲人瑞榜。看到這麼好福氣的老鄰居的消息，很高興，也讓我想起了當年在「濤園」生活的點點滴滴。

濤園是當年海軍總部遷到台北後才建造的眷村之一，位於台北市中山北路三段原圓山動物園旁，是兩棟二層建築的樓房，每棟住二十户。當時因需要眷舍的眷屬太多，每署級單位只能配給三户，還要中校以上單位主管才能抽簽，能抽中真是幸運，也是緣份。英家和我林家就是住在同一棟。

民國四十四年濤園眷村落成，眷屬們陸續遷入；每户只有七坪大小，樓上樓下共用浴廁，廚房則各自分開。由於七坪實在太小，於是出現了不知是否違章的建築；樓下住户在後巷自己加蓋一間連接起來，而樓上的就只能在眷舍對面空地自行圈地搭建。在克難風氣下，大家都能變通，住得很安樂、很開心、很融洽，像是個大家庭。我們住樓上的可以看得見動物園的鐵柵欄，長頸鹿就近在咫尺，遙遙相望。由於距離實在太近，整天都聽得到動物的叫聲、吼聲、嘯聲，到了晚上聲音更大，夜鶯類的鳥鳴聲更尖銳得可怕。加上松山機場飛機起降都經過屋頂上空，聲音更是震耳欲聾，每當飛機經過時電視畫面都會閃動。這樣的日子過了很久很久才練就出聽而不聞，聞而不驚的功力。

濤園位於圓山風景區，早年西側是圓山動物園、兒童樂園，北面是基隆河上的圓山橋，橋的對面就是圓山飯店、太原五百完人塚及圓山天文台，往大直方向還有忠烈祠、七海山莊、海軍總部……。過橋左轉則是再春游泳池、劍潭青年活動中心、圓山冰宮，經過銘傳商專就是士林，一個傳統市場商業區。濤園的南面緊臨美軍俱樂部，俱樂部對面是美軍顧問團，當年的團長叫蔡斯。俱樂部經常有舞會，擴音機的聲音很大，深夜也能聽到。每逢假日，動物園、兒童樂園車水馬龍般熱鬧，公車站就在動物園前方，三輪車、流動小販一直排到濤園門口。濤園西側後面往大龍峒方向還有復興劇校、臨濟寺及圓山火車站，站前都是違章建築自成的一個社區市場，各種生意都有。孩子們每天就是沿著這個方向步行到大龍峒孔廟旁的大龍國小上學。

民國四、五十年代，老蔣總統還健在，那時的中華民國與國際間邦交廣闊，經常有外國元首來訪；濤園是禮車必經之地，每當有外賓來訪時，眷屬們都會到濤園大門口列隊歡迎。記憶深刻的有美國總統艾森豪、約旦國王胡笙……，看見老蔣總統和貴賓站在敞蓬禮車上向我們揮手接受歡迎，連他們的笑容都看得清清楚楚。大家都是平常心，那時候，台灣好可愛……。

我們的鄰居更可愛，大家相處越來越親切、熟稔。原本說這兩棟眷舍暫住十年後就會改建，其實大家心裡都明白是政府準備十年內要反攻大陸；結果日子一年一年的過去，孩子們一代接一代的成長，當年的家長均已退休，老人越來越多，甚至有些家庭隨著子女的發展遷住他方。

民國七十四年，是我們入住濤園三十周年，大家商議後決定要留點紀念，先是在眷舍前來個三代數十人的大合照，然後在圓山碧海山莊聚餐，筵開數桌。大家都盡情的敬酒，看得出雖歡樂，也有點欷歔，終歸大家都已入老境，來日無多。能夠有緣相聚幾十年，實在值得慶幸珍惜。當時曾相約以後每年元宵節再聚，結果到四十周年才又相聚一次，但氣氛已大不如前，幾位好鄰居已駕返道山。有些家屬仍然選擇將先人的骨灰寄厝在濤園後面的臨濟寺，還是做鄰居，還是捨不得離開這裡。

物換星移，動物園搬到木柵去了，美軍顧問團也早已撤離，濤園對面變成了市立美術館。而台北市政府也終於要收回這塊海軍借用的土地，歸劃成為圓山公園。濤園眷村的住戶則分配到大直新建的公寓，只是，有很多鄰居已等不到住公寓的這一天。

回想民國四十四年搬入濤園，到民國八十八年遷到大直，我們在濤園整整住了四十四個年頭，那是非常不尋常的美好緣份。現在的濤園連同美軍俱樂部都消失了，圓山火車站也沒有了，取而代之的是捷運圓山站的高架建築，而圓山橋上空更出現了四通八達的立體交叉道路。一大片碧綠的公園，種了很多樹苗，若干年後又將是一番景象。台北市民有福了。

北美世界日報上下古今版二〇〇九年十二月二十六—二十七日刊出

與黎玉璽將軍的道義之交

台灣的春天來得早，春雨過後，繁花更茂盛，老樹也蓋上一層翠綠。我們正準備把去年壓枝的玫瑰移植，忽然接到體協理事長黎先生祕書打來的電話，邀請外子和我倆人去圓山飯店餐聚，原因是理事長的哥哥黎玉絜老先生全家由大陸來台探親，希望和大家見面聚聚。離開體協左營訓練營已十年了，理事長還記得他，外子興奮不已。

我第一次見到黎理事長是民國六十五年，那時他是總統府參軍長。請他為我長子證婚，外子和我拿著喜帖到官邸當面呈上，他一口答應，把喜帖拿起來看了很久，忽然站起來說這幾句話很好，我去把它抄下來。黎先生入房後我們和黎夫人聊天；我說我見過夫人，是在您和梁序昭總司令夫人交接海軍婦聯會主任委員的儀式上，我是海軍眷屬代表，向梁夫人呈上一匾，我還和兩位總司令夫人合照，覺得十分榮幸。夫人點頭微笑說，不記得了。

民國六十三年，黎先生接掌體協理事長，於左營成立奧運選手訓練營，把已退休的外子徵召再到左營工作。左營是我們撤退來台居住過的地方，後來海總遷到台北，沒多久我們也搬到台北圓山濤園眷村，想不到退休多年後又回到左營工作。當時訓練營經費有限，一切都靠陸戰隊支援，克難起家。營主任齊劍虹先生是籃球國手，在他的領導下，大家同心合力，辦得有聲有色。蔣經國先生來巡視都非常滿意。

黎先生很隨和，但對工作要求很認真，非常關切教練及選手們的生活狀況。每次到營區吃飯只要加一碟炸花生米就好；有時夫人同來，營裡就會趁機舉辦郊遊、野餐與選手們同樂。像一位家長，像一位老百姓，完全沒有一級上將軍中的威嚴。

外子曾把我的一本短篇小說集送給黎先生，所以每次見面他都會問最近有寫作嗎？有新書一定要送給他。和他握手，他會望著你很用力的握著，似是在鼓勵，勉勵我要努力寫作。有次他和大家聊天，談話中說起節儉；他說他的毛巾很耐用，因為他都是用手掌勻水洗臉，洗完後只用毛巾擦乾，所以他的毛巾可以用很久。有一年，我次兒從德國受訓回來，帶了兩雙羊毛登山襪給他父親，外子把它轉送給黎先生，他對外子說兒子買回來的東西很珍貴，我們一人一雙好了。

黎理事長在體協做了八年，外子也跟隨在體協工作八年。新任理事長要留外子繼續工作，外子說對老長官鞠躬盡瘁就好了，我答應留點時間陪孫兒們一塊看卡通影片。

民國八十一年四月二日那天，我們如約到了圓山飯店。黎先生介紹我們認識他哥哥，我們趨前問安；黎老先生拿出寫著黎玉絜的名片，名片上印著湖北，當時外子說下個月他會和兒媳們去大陸旅遊，屆時一定會到府上拜候。黎老聽後很高興，馬上在名片上寫下電話號碼。他在中學教書的女兒也立即將他們的住址寫上，還大略的解說了一番，非常熱情和靄。

入席時，一張很大的圓桌，中間一大盆花，幾乎看不到對面，說話就更不方便了。每道菜都是服務員分好一人一份端上來，我看黎先生和夫人很少動筷子，尤其是海鮮類。當時我想，如果有一碟炸花生米就好了。

飯後黎先生說要送他新出版的《黎玉璽先生訪問錄》給我們，大家圍著看他簽名；輪到外子時，黎先生看他一眼說，你比我小兩歲，他寫下「烈昌老弟」。他又看看我，說也送妳一本，我說我們共一本就好了，他說不行，妳是作家，一定要送妳一本，於是他寫下「侯楨大嫂」。我感到非常意外，這麼久了他還記得我的名字，又這麼客氣的稱呼，我感動感激不已。這真是一次意想不到的餐聚。

天有不測風雲，沒想到與黎先生餐聚不到一個月，外子竟因心肌梗塞於四月二十八日驟然往生。外子生前與黎玉絮老先生的口頭之約及與兒媳們同遊大陸的心願，竟然會出現無常，命中如此，又能奈何？

外子一生奉公守法，做事認真負責，能得到長官如此的信任與賞識，我做為妻子的感到很安慰。尤其是在他離開左營訓練營時，黎先生特別用毛筆寫了「道義之交」四個字送給外子。我把它珍藏著，永遠讓子孫們珍藏著。

北美世界日報上下古今版二〇〇九年九月二十三－二十四日刊出

青橄欖的滋味

一九四九年（民國三十八年），抗戰勝利後的廣州市，逐漸在路有餓殍的頹廢中繁榮起來。茶肆酒樓、影院舞廳、娛樂場所非常興旺，一片昇平景象，完全看不出另一波暗潮已經迫近。矇然無知的我倆還打算乘海軍軍艦赴海南島榆林港轉任新職。

等待中，在省府任職的父親有一天突然拿了兩張機票要我們先走，不要等船了。在警局任職的外祖父卻不以為然的說，打日本人八年都能平安無事回來，自己人打自己人有什麼好怕的？還不是轉眼就太平了。

我們還是接受了父親苦心弄來的機票，九月十八日那天，我倆在白雲機場伴著親友們的祝福搭乘中國民航CAT班機飛赴海南島榆林三亞機場。

三亞機場一片荒涼，到了榆林港市區，才知道時局果然是緊張了。到處都可見到面容疲憊的軍人、攜老扶幼的平民百姓，聽說是撤退去台灣的，在這裡補給等候分配船隻，一批批來來去去，都帶著茫然的神情，學校教室、走廊都擠滿了焦慮不安的人群。

我們住在海軍營區，日式房子很寬敞，生活還算安適。其他的眷屬多數是由青島撤退來的，他們來得較早，日子仍然過得浪漫，打牌、跳舞、唱戲，不像是逃難的人。先來的住在漁樂村，那裡的房子比較好，是當年日本軍官的宿舍。

來榆林港不久就發覺懷孕了，心中沒有喜也不知愁，只想趕快告訴母親。心情還是很平靜地過著，我們經常步行到大東海邊，在沙灘上撿貝和漂亮的小石，在海角天涯大石旁才感覺到自己離家太遠了。我在心底盤算著，他會在這裡工作多久？我們什麼時候可以回去？

在榆林港住了七個月後，忽然聽到槍砲聲，我驚問是否打仗了？打仗我們怎麼辦？他原來已知道馬上要撤退，撤退到台灣去。我惶然的問台灣在那裡？他說他也不知道。我們離開廣州後一個多月廣州就解放了。

他說要我馬上收拾東西，明天就要上船，並說他還有任務不能同去。真是晴天霹靂，他怎忍心讓我一個人去，不是回去廣州，是去連他也不知道的台灣。

第二天中午他匆匆趕來說送我上船，在碼頭上他指著那艘還在上貨的軍艦；就是那艘中訓艦，艙底很平，妳會很舒服的。他並說已特別拜托那位負責照顧眷屬的陳上尉，有什麼需要找他就好。他還幽默的摸摸我的肚子，幽幽的說有他代我陪妳，勇敢點，我們台灣見。他掉頭就走，大概不忍看我哭出來。

還未開船，我為調整情緒四處看看，看見桂老總坐在可以開折的枴杖椅上監督撤退，我順著碼頭走，遠處有沙灘，走去一看，嚇然發現沙灘上坐著很多俘虜，在烈日下穿著百姓的衣服，手被反縛著，有一些已倒下去，我驚慌地離開，我看到打仗了。

船艙非常大，艙底有很多木材，我學著別人在木材上鋪上棉被、毯子，開始了我新的生活。船上宣佈，因為有二十幾個單位，每個單位每天只能煮一次飯，燒一次開水，沒有宣佈菜單，看來是只有自便了。走的時候太匆促，一切都無法準備，只把幾個鹹蛋煮熟塞進了廚具包裡，每天省著吃，幾日後也吃完了。不知還要多久才到達？問的人都說不知道。同艙的太太們，有些似乎帶了很多零食；有些白飯上放兩條未切的辣椒、一把粗鹽，喀啦喀啦的吃得很香；有些一直吐，黃膽水都吐出來了，非常辛苦，比我行動不便苦多了。對著白飯，我又在廚具包裡摸，竟然摸到一包蝦米，好極了，用水洗洗就當菜，一定要省著點吃，不知還要熬多久？

艙內空氣不好，很多人都到甲板上睡，我行動不便，無法隨心所欲，廁所在甲板上層，每天也非得上甲板不可；每次艱難地上到甲板，孤寂的望著茫茫大海，心中充滿了悲淒，廣州改變了，我的親人呢？

腹中的寶貝很不安靜，時常會比手劃腳翻跟斗，我輕輕的告訴寶寶，我每天都吃很多很多飯，寶寶一定要正常的長大。

船行十日，終於抵達台灣左營。不管如何，靠了岸，苦難應該過去了。

很快我們就會合，有他在身邊，我可以完全放鬆了。左營住了幾天就搬到高雄去，同事介紹租住在必忠街一間荒廢的出版社，後面是大雜院，幾乎都是撤退來台的住客。隔壁酒商的老闆娘非常和善，她會一點普通話，見我年輕快當媽了，非常熱心的幫助我，並且教會了我很多事情，虧得有她，我才不致手忙腳亂。

來台後三個多月寶寶就出生了，是個十分健康的男孩。老闆娘很喜歡孩子，一有空就過來抱寶寶，她幫我照顧孩子，讓我有充欲的時間做別的家事。有這麼好的鄰居，真是緣份。

老二出生後，生活雖然更忙碌，但是很安定；每月量入為出，也沒有什麼煩惱。晚飯後推著兩個孩子去散步，光復戲院就在附近，軍人服務社旁就是體育場，愛河邊的鐵鏈圍攔是孩子們最喜歡的鞦韆。大公路口有一間租書店，店主虞老先生帶著一個孫女，我去租書，老先生問我家裡可有小說，拿幾本來充實書店就不必付租金了，每天可來借一本，看完再換就好了。真是遇著貴人。抗戰失學的我，對書本如饑如渴，一定是老天爺補償我。高雄三年，變得忘憂。

忽然海總要遷去台北大直，從此他不能每天回家了，每月回來一次太辛苦，想搬台北，談何容易？問題總是要解決，他聽同事説台北三重埔菜寮有一批新建竹子批當的房屋出售，我們經過慎重商量，傾其所有，把不是日常生活須用的東西賣掉，瀨南街很多金舖，那時黃金值錢，首飾派上用場。崛江市場有很多間泊來品店，穿不到的皮鞋、西裝、毛衣、皮包等，還有兩個由廣州乘軍艦到榆林港再來到台灣的大皮箱，老闆通通都要，連我最心愛白色的菲力普收音機也忍痛賣了。就這樣，我們搬到了三重埔，上下班有交通車，心滿意足了。

海總要在中山北路三段圓山興建兩棟二層樓的眷舍，這是轟動一時的好消息。眷舍落成，僧多粥少，只有用抽籤的方法分配；每署只有三間，中校以上主管才有資格參加。謝天謝地，我們竟然抽到了二樓中的一户；雖然只有七坪大，已十分滿足。樓上樓下兩家共用浴室、廁所，各自有獨立廚房。三重埔那間小屋則原價讓給同事；這筆籌得不易的辛苦錢不敢輕易動用，後來就是靠它經朋友介紹在鄉下買了一小塊茶園。

民國四十四年搬進圓山眷舍，鄰居們都很有修養、學養，大家相處得十分愉快。兩年後我又添了一個男孩，三個壯丁，生活充實熱鬧。上班有交通車，眷糧、副食品送補到家，還有一間診所。圓山眷村在民國八十八年遷往大直後已鏟平成為圓山公園。

生活安定後，家務之餘，有的是時間。報章雜誌、文藝刊物逐漸興盛，已能滿足我的求知欲望和興趣。小說看多了就試著模仿，竟也能出現在報章雜誌上。有了吸引力就更加在這方面努力，參加了文藝函授學校，希望能吸收些正規寫作方法。同時也向各大報副刊版投稿，漸漸也有編輯和讀者寫信給我了。心中竊喜。

有一天看到中華文化復興委員會文藝研究班招生廣告，居然斗膽去報名，慶幸被錄取了。坐在文復會寬敞涼爽的大禮堂中，傾聽仰慕心儀的教授、名作家、文壇耆老星雲大師們上課，精采的言論，何等榮幸與福氣，對我的寫作大有幫助。最大的收穫就是認識了很多文友，那是以前不敢想的。

可惜我無法專心在寫作上，我耐不住寫作的寂寞；我享受越來越豐富的人生和兒孫三代同堂的熱鬧。加上科技發達，各種知識、資訊爆炸，無數的電視台、錄影帶，目不暇給，都是以前沒有聽過看過的新奇事務。沉醉其中，時光像小偷似的靜悄悄偷走了我的歲月。不知不覺，竟然到了耄耋之年。

十幾年前跟著兒媳們移居溫哥華，又是一番新奇景象。在台灣經常看的報紙、雜誌沒有了，朋友見面也少了，淡了。只能偶爾打個電話問安，以保持連絡，連寫信都懶了。有天和畢璞聊天，提起文訊，我說到溫哥華後就沒有看了，她說可以訂，在美國的王明書也是寄去的。多謝提醒，緣散了又聚回來，今年元月開始，我又訂回文訊。又看到很多老朋友鴻文名字，別來無恙；見文如見人，有快樂也有傷感，好幾位老師益友已在文壇羽化而去，空留遺憾與思念。

我的運氣真好，竟然趕上文訊的新專欄【銀光副刊】，正適合我這種自認老朽，偶爾想寫寫又不敢寫的老人一個推動力量，真是功德無量。如果以後我還能寫小說，一定先感激銀光副刊和老友畢璞。懇求借文訊一角，向曾經在文復會文藝研究班的師長、學長們說一聲您們好。久違了。

六十年的苦澀甘甜，已入佳境了。

文訊月刊二〇〇九年十一月號二八九期銀光副刊刊出

意外的喜悅

日子過得真快，轉眼虎年又將過去了。回想年初，二月十六日，我和兒媳、孫兒女浩浩蕩蕩的送孫女回台灣結婚。為了配合雙方的假期，過年請假也比較有理由，男方選擇元宵辦喜事，也是希望回台過年的親友能夠參加。回台灣等於回娘家，似乎從未有過這麼喜氣洋洋的旅程。

我這個孫女，三十歲的大女孩，她天真開朗、個性溫和、容易滿足，對我們大家庭的每一個人都關懷愛護；生在一個好的時代，初中移民溫哥華，讀書依然一帆風順，在西門菲沙大學讀的是化學系，畢業後卻選擇做幼教工作，還是特殊兒童的幼教工作。我看著她成長學習的過程，非常享受。她是一個十分幸福認真的女孩，也是我唯一的孫女，這次陪她回台結婚，我以祝福、感恩的心情，分享她的快樂、幸福。

孫女婿是她大學的同學，畢業後繼續攻讀醫科，現在還在深造中。也是家長的意思，要他繼承衣缽。利用幾天假期，匆匆返台結婚，真難為了年輕人。

婚禮很傳統，也很時尚，在國外住了十幾年，對很多禮儀變化已很陌生。兒子特別為我安排了一桌文友席，可惜很多文友平時疏於聯絡，無法邀請。那天前來賞光的幾位老文友，多是看著孫女幾個成長階段的老奶奶。行動都不太靈光了，還專程到新娘休息室去看化了妝的孫女，笑得好開心、好燦爛，相信心中都有嫁孫女的感覺。

台灣過年真的很好，大家都有假期，親友間相互拜訪，皆大歡喜，到處都是喜氣洋洋。台灣的發展，一年比一年好，高鐵、捷運、快速道路十分方便。我們這次自己開車南下，高速公路沿途的風景、視野是那麼的好；特別是幾個休息站，簡直像逛大商場，吃喝玩樂樣樣俱全。一串串烤黑橋香腸，一口一個，比烤熱狗好吃太多了。回溫哥華後，想起來都還有餘香。

享樂的時間也過得特別快，假期只剩幾日。有一天，我們幾位老友飲茶時，八十幾歲的老大姐鮑曉暉忽然問我：「新春文薈妳參不參加？」我説我不知道有這個活動，她説每年都有舉辦，總統都會參加，可能是在海外的就沒有通知了。她問我想不想參加？我當然想參加，多久沒有參加文藝活動了。她聽了想了一會説，讓她想想辦法，看看能不能補發一張請柬給妳，但是時間太緊迫，試試看好了……。

曉暉姐果然有辦法，她向承辦單位説明我剛從國外回來，並把我的資料告訴承辦人。當她知道可以補發給我時，還特別請承辦單位用限時專送寄出，因我住龍潭鄉下老家。

收到請柬，十分雀躍，是榮譽會長馬英九和會長劉兆玄聯名的邀請柬，能參加真是奇蹟，十分幸運。

三月十三日新春文薈那天，由龍潭到台北，車外大雨滂沱，車內的我完全不受大雨的影響，依然興奮的拿著那張奇蹟般的請柬。一到台北賓館門口，就有人撐著傘來迎接；簽名後在入口處還有位照相師個別照相，十分慎重。賓館正門口，有兩排豔服裝束天使般的年輕人相迎，先引領我們參觀樓上外賓元首、王儲、公主等住過的房間，還有很多歷史文物，接著進入會場。

會場已經坐滿了人，因為下雨，庭園中安排好的陽傘涼椅沒有人坐，都擠到進門的陽台下有遮雨的地方。我和曉暉去到的時候已找不到椅子，看到大石柱旁還有兩張空著沒人坐，大概是因為石柱擋著看不見舞台，我們別無選擇坐了下來，總比其他後到的站著看好得多。坐定後，我側身瞧見舞台對面臨時搭建的大會場，那應該是正式的會場，一排排椅子很少人坐，我很想坐過去可以清清楚楚的看見舞台，又不知是安排什麼人的席位？不好貿然前去，心中正在猶豫。一陣掌聲，兩位會長來了，他們被請入坐，與貴賓一起，轉眼會場就坐滿了人，我有點後悔自己太拘謹。

接到請柬當天，即興奮地打電話回溫哥華告知其他家人，已讀高中的孫兒茂盛聽我說會見到馬總統，也興奮的叫我一定要總統的簽名。電話中我是答應了，事實上根本就不可能，那麼多賓客包圍，那麼多隨扈，談何容易，想靠近都難。

兩位會長及來賓致詞後節目隨即開始，節目非常精采。我看見曉暉向左邊幾位認識的文友擠過去，我也把椅子向右邊略為移動一下，然後彎腰探身瞧向舞台，勉強看到一點點熱鬧。看了一會，鄰座有位先生碰了我一下，我以為擋著他了，連忙道歉，老先生小聲說要和我換位子；我一下愕然，這怎麼可能？猶豫中老先生已站起來，我還不敢相信，我說：「那你也看不見啦」，老先生說：「反正我也不想看，聽就可以了」。他誠意堅持，我只好恭敬的接受了。

這位子果然很好，整個會場都看得到。我想向他請教大名並致謝意，他說了我沒聽清楚，他掀起西裝上的名牌給我看，黃天才；好熟悉的名字，他看我猶豫，知道我一時想不起來：「我是中央日報社長。」呵！想起來了，真是奇蹟，怎會有這般奇遇！於是我們有話交談了。我問起了主編王理璜，他說在美國，但精神已經有點問題；並說梅新是他介紹去中副的。

我說我很感謝他用了我的長篇小說。他曾在中央社工作，我說我有位堂兄侯連來也一直在中央社工作。他還說在日本工作很久，也說了很多日本的情形。問我年齡，他說比我大六歲。我們以前沒緣交談過，現在卻有一見如故之感，世間事真奇妙。換了位子，場景了然於目，但卻似乎反而有點視而無睹，整個思緒沉醉在往事裡……。

會場有點騷動，原來兩位會長要離席了。大家起立拍手歡送，總統向一些年長的來賓握手致意。我在心裡對孫兒說，簽名沒辦法了，以後再找機會吧！總統離開後，大家開始吃點心，食物非常豐富，比以前中央日報的春節團拜更豐富；中央日報已經停刊了，我也移居海外十幾年，還能見到當年的社長，冥冥中，莫非文殊菩薩幫忙。

因為下雨，餐點都擺在我們剛才坐的長廊下。我和芯心大姐各自取了一碟點心，在庭園的桌椅上坐下，涼椅雖濕，用手一掃照樣可坐，雖有陽傘，仍有小雨飄來，情調很好。我們邊吃邊聊邊觀賞，文友俞金鳳拿著提包和飲料到我們這桌來聊天；她打開提包拿出相機說給我們倆照張相片，剛照了一張，似乎聽到有人說總統來了。怎麼可能，總統不是已經離開了嗎？卻聽見我椅子後面有人聲，回頭一看，果然看見總統就在身旁，穿了件唐裝，很瀟灑，從沒看過總統這種穿著的鏡頭。

聽見似乎是俞金鳳說跟總統照個相，似乎聽見有人說等會再照好了，總統還有事情；我和芯心沒經過商量，很有默契的都站起來靠近總統，俞金鳳說時遲那時快，喀嚓一聲，拍下了那張得來毫不費功夫的歷史鏡頭。我忽然靈機一動，急忙打開皮包拿出那張請柬及簽字筆，送到總統面前請總統簽個名，又有聲音擋架……；但總統已伸手接了我的紙和筆，非常從容的一筆一筆寫下了馬英九，跟著還寫了年月日。我說請您再寫茂茂好嗎？茂盛的茂，那是我在溫哥華讀高中孫兒的名字。總統寫了「茂」字，我說茂茂，總統又再寫了一個「茂」字。真是太神奇了！

這次回台嫁孫女辦喜事，沒想到會給我帶來一連串的驚喜。都是從沒想過的奇蹟。說句感恩的話，身為老人能趕上好時代，電視、電腦資訊發達，視野大開，生活品質豐富；還有和我朝夕相處的家人推我、助我、陪我共度老境，日子才會過得這麼滋潤。我是一個再平凡不過的人，除了感恩還是感恩。

曾經看過寫「上海生與死」的老作家鄭念女士的文章中引用詩人夏宇的一句話「把你的日子加點鹽，醃起來，風乾，老的時候，下酒。」我欣賞這種哲學，過去的酸甜苦辣都可以下酒。只是，我還繼續在醃日子，而且日子似乎越醃越好，還可以與家人、朋友一塊下酒呢。

文友俞金鳳的神來之筆，為我補捉了終生難忘的精彩記憶，她還將那張相片放在她的「外婆的部落格」上，對我來說，是一次意想不到的驚喜。難道，世間真有奇蹟？！

愛之船

若干年前，台灣上映一部名叫「愛之船」的電視劇集，讓人眼界大開，原來旅遊也可以這麼輕鬆愉快，浪漫逍遙。身旁一起欣賞的他，輕柔的捏捏我的手：「有機會我們也去享受一番……。」

二〇〇九年聖誕節前，兒媳的合唱團舉辦遊輪之旅，邀我一起去，我對當年遊輪旅遊的渴望與熱情早已淡忘。我知兒子早就想陪我去乘遊輪，他的心意我完全了解，既然機緣已到，就愉快的接受了他的安排。

起程那天，一早在列治文置地廣場集合，乘旅遊巴士先到西雅圖；進入美國海關時氣氛有點嚴肅，脫鞋、脫外套，男士們連皮帶都要解下，關員神態謹慎，我也有點緊張，順利的過了關。在機場候機室等待搭機去邁阿密上船，中途還要在大西洋城轉機才能到達。機上有花生米、小餅干和各種飲料供應，卻沒有正餐可吃。晚上十一點抵達邁阿密，到旅　時已是午夜一點半，旅　的床太高，只好睡沙發。

由早上六點起程，到晚上兩點才躺下休息。剛躺平，媳婦送來一碗泡麵，說是團裡有經驗的朋友帶來的，真是人間美味，連湯都喝得一滴不剩。

很滿足的一覺醒來，已是中午上船時間。匆匆的吃了個兒子買回的漢堡，一點半抵達碼頭。報到後隨即安全檢查才上船，行李會先送到房間，不必隨身攜帶。到了房間，發覺只有兩張床，訂的是三人房間，莫非弄錯了？侍應生說等會他會安排。沒多久便聽到廣播，要大家到放置救生艇的甲板演習逃生，如何穿救生衣和操作用具；八個人一艘艇，要特別注意排好的位置才不會混亂。

晚餐在正式的餐廳，有六點、八點兩個班次，希望大家能穿整齊點。回到房間，看見一張床已放下來，像雙層床，架上樓梯，原來如此，這是四人房間。床上擺了個用毛巾摺好的青蛙，青蛙懷中還放了三塊巧克力，很溫馨。

時間尚早，兒媳帶我去認識一下環境。已經有人迫不及待的脫了外衣在甲板上曬太陽，更有人已經在游泳、洗三溫暖了。我們走到擺著食物的地方，有人已經開懷吃喝；真是琳瑯滿目，炸的、烤的、現炒的，各式香腸、甜點、水果、奶酪，想得到的有，想不到的也有。中日式料理應是很受歡迎，已經排了很長的隊伍。我盯著各式蛋糕、派餅的攤位，這麼多美食，如何消受得了？

我們準時到了餐廳，服務員非常禮貌的帶我們入座，說這兩桌歸他服務，有什麼需要就吩咐他。餐廳樓上樓下連起來，每桌坐八位。吃到一半時，所有的服務員都聚到樓梯處，唱歌、拍手、舞蹈，唱完又回到原位服務，很新鮮的感覺。

餐後去劇場看秀，劇場好幾層，很大。那天說是著名的脫口秀巨星，表演很賣力，但很多人都沒有鼓掌大笑，也許是聽不懂，也許是不專心。

我忽然想起鮑勃霍伯，他一輩子讓人歡笑，盡量把快樂帶給人們，結果到了晚年，耳背眼矇人木納，活到九十幾歲又如何？老天也太殘忍了。劇場出來，又去吃了一頓消夜，東西太多，不知挑那樣好。

大家說要早點起來看日出。天色尚矇矓，海風凜冽，甲板上已站了很多人等待著。我又想起了台灣阿里山看日出的情形，也是披星戴月的早起，冒著山風障氣爬上小山，找好位置架好相機等待著日出。突然聽到一陣歡呼聲，原來太陽已經升起來了，我們瞄錯了方向……。這次是海平面，相信不會錯過了。其實日出的照片到處都有，都差不多，只有等待日出的心情，才是最大的享受。

這艘十一萬噸的加勒比海遊輪，十天航程有幾個靠岸的地方供遊客下船參觀遊玩，如貝里斯、宏都拉斯、卡門群島、墨西哥邊境小島、海門島等等。這天船會靠岸，很多人都會下船，我們這團有好幾位團友是陪長輩來的；有位團友的母親眼睛開刀還未完全復原，聽力也差，幾乎是寸步不離的陪著母親，說是機會難得，人多熱鬧，讓母親出來開開心。有兒子陪母親的，有兒女安排好請父母去旅遊的，也有女兒千里迢迢趕來陪父親一塊旅遊的，我最福氣，兒媳一起陪伴。

我不想下船活動，只想靜靜的欣賞海景，懷念六十年前十天的海洋生活……。當年那個在我腹中陪我乘軍艦渡海到台灣的娃兒，就是今天陪我遊輪的大兒子。他們下船後，我選了個靠窗的卡位，視野很好，一杯咖啡一本書作安靜狀。眼睛卻游向窗外，以為船停了海水也靜了，沒想到浪花依然湧來，海水因有陽光而變得燦爛。遠遠的山前海水是綠色的，有如一塊玉石。忽然看見海裡有彩虹，驚奇的趕快把祂攝入腦中，心中唸著觀世音菩薩……。記得有一年在飛機上也驚奇的看見彩虹，而且是圓形的，彩虹中有一架飛機，原來我們的飛機在彩虹中，太不可思議。剎那的相遇竟變成我生命中的永恆。

兒子不知什麼時候坐在我身旁，原來下船的回來了，氣氛一下熱鬧起來。大家都很高興，有參加潛水的、爬崖的、看大海龜、遊車河，雖被蚊子叮，太陽曬，熱得不得了，還是認為值得。只要靠岸，很多人都會下船玩，年輕真好。我問兒媳玩了什麼？說什麼都沒有玩，每人只花了十五元乘車遊覽了一個小時左右。坐在車上蚊子多到嚇人，趕都趕不走，真受不了……。

洋人卻很少下船，船靠岸依然在船上盡情享受。船上有各種健身器材、桌球室、圖書室、卡拉OK、舞池供遊客玩樂，唯一是船靠岸賭場就不開。船上還有很大的吸煙場所，旁邊還有酒吧服務。聽說經濟能力較好的老人，會選擇以遊輪為家，的確有吸引方便之處。

每到用餐時間，一眼望去，老人居多；有老先生坐輪椅老太太在後面推的、有老太太坐輪椅老先生在後面推的、更有牽扶著老伴顫抖地去取食物的。我看到一位老先生手提氧氣筒推著輪椅把老伴推到一張桌旁安置好，氧氣筒掛在輪椅扶手旁，步履緩慢的去取食物，來回幾次才在老太太身旁坐下，用刀叉把食物分開放在老太太面前，一塊一塊的送入老伴口中。不時也從盤裡叉起一塊食物放進自己口中，神態很悠閒，吃得很滋味。我拿了碟炸物遠遠地看著他們的舉動，我問服務員為什麼不幫助他們？服務員微笑著説他們沒有要求幫忙，我們就不去打擾他們。這也許就是他們的認知文化吧！看到倆位老人相依為伴的情景，真不知道是幾世修來的福氣。

聽説這裡的服務員多是加勒比海人，一天工作十二小時，每星期工作七天，九個月後有兩個月的假期，工作三年就可以回鄉置屋娶妻。這艘十一萬噸的遊輪可載三千遊客，那天看到三艘同樣的遊輪停泊在某個下船的港口，真有那麼多遊客嗎？孤陋寡聞了。

聽到有麻將聲，信步過去看看，四位洋女士在打牌，有位女士笑著用廣東話説：「打麻雀。」她們的打法和我們不同，她們不碰不吃，只摸牌換牌，換順了就胡，這種打法也很好玩。她們不是在賭場內打牌，她們把桌子搬到游泳池旁，光線好，空氣好，能在這裡打幾圈，肯定心曠神怡，令人羡慕。

曾經有幾位團友説到船上要陪我打牌。結果，到了船上，都去了賭場。那裡比較刺激，又不限制時間、人數，自由自在多了。如果不是煙味太重，我也會去湊熱鬧。賭場開放抽煙，整個賭場煙霧迷漫，我這個偶爾會吸煙的人都受不了濃重的煙味，而那些不吸煙的人，難為他們能忍受，為了貪玩，完全不排斥二手煙，令人佩服。

每晚劇場都有精采的魔術或歌舞表演。

每晚回到房間，都會在床上看到不同的毛巾摺疊成的小動物，唯妙唯肖，三塊巧克力甜甜依偎在牠們懷中。

這才是一艘真正的愛之船。雖然沒有浪漫，卻滿載溫馨。

文訊月刊二〇一〇年七月號二九七期銀光副刊刊出

網上看花博

台北國際花卉博覽會已籌劃很久，媒體輿論的報導總是負面的比正面的多，所以吸引不起關注的興趣。直到在鳳凰電視台看到陳文茜介紹台北花博夢想館與新生三館，才知道那是結合科技創意與藝術的夢想實現。太陽能屋頂、透水連鎖磚、尊重生態永續林場木材、及智能綠建築的自然生態等，這些都是工研院開發的高科技夢想館的推手，比上海世博更精彩。眼睛跟著陳文茜慢慢走入夢想館，鏡頭移動，各種奇幻無比的畫面出現，雖有解說，也有陳文茜邊看邊補充介紹，仍然是似懂非懂。自知是程度不夠，但單看各種花卉的奇異、奥妙，就已覺得心曠神怡。陳文茜說，這是台灣人的驕傲，千萬別錯過。

發現花博有這麼精彩的內容，於是我找到台北市政府的花博網站。一點出來，畫面就是一個花博全景；我首先看到的是台北市中山北路三段，基隆河、中山橋、再上去是圓山飯店陸續映入眼簾。原來花博地址在這裡！那曾經是我最熟識的地方。當年我在那裡住了四十幾年的海軍「濤園」眷村，就是如今的圓山公園。

緊臨「濤園」的西北邊是動物園、兒童樂園，後來又建了一座廣播電台和商業大樓。正南邊早年是美軍俱樂部，和中山北路對面的美軍協防司令部。「濤園」的正對面原本是騎馬俱樂部，和一排臨時搭建的店舖，也早已改建為市立美術館。後來在「濤園」大門口又建了一棟憲兵大樓。民國八十八年台北市政府收回「濤園」所有的房產權，鏟平成為圓山公園，也就是如今花博的圓山公園區，有捷運可達。

眼前的全景圖看得很清楚，花博共分四區；除圓山公園區外，還有對面的美術公園區、靠基隆河邊的大佳河濱公園區、及靠新生北路三段的新生公園區。每區都有詳細的通道、進出口、碼頭及展覽館說明，花博全景可以一目瞭然。

我先由圓山花博公園區開始，跟著導覽的箭頭進入大門，馬上有聲音解說鏡頭位置，更有介紹3D動畫的製作；鏡頭慢慢移動，一幅一幅的轉到劇場再轉出去，頗有身歷其境的感覺。圓山花博公園區我只看了一點點，就感到十分驚訝，因為每個區都有展覽館、園藝區、及特色設施等大項目，豐富極了，完全不是想像中以前的花卉展覽介紹而已。

這世界新奇的事物太多，好的事物更多，如果沒有扭曲人性的負面報導，只有日新月異的科技造福世人多好。在家中就可以看到全世界想看到、知道的事物，而且比身臨其境更清楚。我家人由上海世博展覽會回來，問起某國某館的特色，還沒有我在家裡電視和網上看得清楚詳細。

能活在這麼好的年代，我真的不想老得太快。台北國際花卉博覽會由今年十一月到明年四月。四月春暖花開，如果一切因緣際遇和合，我希望能回台灣細細參賞花博。

亂世情誼

亂世多悲劇，人生在兵荒馬亂流離失所中，也會遇到一些因緣際會的奇事。一位父親在大撤退中認識的朋友，到台灣後竟然會和我們全家人一起生活了十幾年，形同親屬……。

一九四九年十月，父親在共軍已進城的危機時刻，隨廣東省政府最後一批撤退人員匆匆趕到廣州天字碼頭上小艇到湛江，再轉民船赴海南島海口市。船小浪高，能平安到達實屬萬幸。廣東省政府協防司令部安排父親和另一位也是高參的鄭觀瀾少將(鄭伯)共住一室。

兩人都是拋妻棄子孑然一身跟部隊出來的。父親是廣東梅縣人，鄭伯是安徽鳳陽人，兩人在語音上就有很大的差別，卻能十分投緣的在海口市度過了半年多艱苦歲月，再一起撤退到台灣。當局安排他們到台北市福州街一家輪船公司暫時安頓，倆人仍然共住一室。

父親到處託人到海軍找我和外子，十分幸運的竟然亂世能相逢。從此父親驚惶的情緒稍覺安定，感覺上他找到家了。我們在高雄也是租屋暫住，父親就經常南北跑，高雄有他的外孫們，生活中有了溫暖。

鄭伯派去台灣中部大同農場做場長，同批省府撤退人員多數安排在台南，父親就搬到我們處一起住。後來我們在台北配到眷舍，雖只有七坪大，我們配到樓上的住户就在對面空地上違章建築一大間，竹屋雖然簡陋，還算得上寬敞，地點好，圓山附近公車路線多，四通八達。

鄭伯在大同農場做了很短的時間就離開了。父親邀他來台北同住，他欣然搬來，倆人仍然同住一室。就這樣，我們成了一家人。他們都是民前十三年出生，鄭伯比父親大兩個月，喜歡談詩詞；一個保定，一個黃埔，竟然成了莫逆之交。

父親朋友多，鄭伯的朋友更多。原來鄭伯是保定八期畢業，與陳誠、周至柔同期，同一寢室，和周至柔上下鋪，何以會住在我家？費解！相處久了，漸漸的對他瞭解也多了。在他朋友們的談話中，得知他不到中央任職，而到廣東地方做司令，是老婆的關係；聽說他有八位太太，道聽途說罷了，但他自己也承認了，算命說他到台灣已一無所有。信耶！果真如此？鄭伯會卜卦算命，知道他的人都會找他卜卦，據說很靈驗。他說這就是他官運不好的原因。

因為交通方便，幾乎天天都有訪客，保定八期的中、少將就有兩三位。父親抗日戰爭前曾在杭州防空學校任政訓處長，老朋友也不少，大家的命運都差不多，特別容易談在一起。我是晚輩，也是家庭主婦，每到吃飯時間，他們談興正濃，於是留他們吃飯，他們也欣然接受。那時候沒有冰箱，北方人喜歡吃麵條，我以簡單方法，買肉販切丁的肥肉炸油倒在罐裡，加些花椒鹽，麵條煮好後拌上豬油、蔥花，再炸碟花生米，炒幾個鴨蛋，任何客人都吃得很愉快。

住在眷村裡，兩位老人和大家都處得很好，經常也會湊腳打個八圈。早上圓山晨運也認識一些朋友，如老牌影星龔稼農、南僑肥皂的老闆都曾到家中吃過飯。還有一位同鄉，青年黨黨魁孫祥芝老先生，來得最勤，他吃得更簡單，饅頭、花生米、蛋花湯，足矣。他兒子孫柏堅和兒媳黃小冬那時候都是當紅的藝人，結婚時鄭伯還帶孩子們參加。于豪章將軍說是鄭伯的學生，過年時還來家裡下跪磕頭拜年。當時家裡違建雖然簡陋，卻是人氣頂盛。

那段日子，他們過得還算愉快；每天報紙一來就先看還珠樓主和南宮博的武俠小說連載，然後就討論劇情，猜想劇情。加上三個小壯丁圍繞承歡，兩個大的兩老一人帶一個，我只需帶小的就好。這兩位老人以前根本沒時間接觸過孩子，現在清閒了，老了，才發覺小孩的可愛，非常慈祥耐心的帶他們。

鄭伯有個兒子鄭霖輾轉到了香港，他把兒子接來台灣，也是住在我家。補習後考入政戰學校新聞系，畢業後分發空軍服務。多年來，鄭伯通過香港麗的呼聲一位梁姓小姐匯錢回大陸給他最小的兒子和兒子的母親，其他的他說管不著了。

天有不測風雲，一向健康少生病的父親突然中風昏迷，急送台大醫院，在急診室搶救了三天，捨我們去了。

十幾年相處的情誼，鄭伯在父親去世後，心情自然沉重。他兒子安排他住到虎林街松柏新村，一人一間房，有專人照顧，有伙食團，也有很多老朋友。兩年後，因病住到空軍總醫院，住了半年也去世了。去世後葬在碧潭空軍公墓。

亂世一段很不尋常的情誼，終歸一個佛家所說的緣字矣。

北美世界日報上下古今版二〇一一年三月十一日刊出

春宴

一向熱衷參加各種聚會活動的田文斌，忽然懶散起來；太太已穿戴整齊，他還躺在床上說他有點不舒服，不去了。反正交了錢，春節團拜年年有，以後還有其他的聚會，到時再說。他太太汪桂芳很感意外，訝然的看著他：「早上晨運你還和大家有說有笑，怎麼忽然不舒服？那裡不舒服？血壓又高了？我又沒有說什麼，怎麼忽然會……。」

桂芳想起晨運時陳老太太帶來一包點心，說是自己烤的小蛋糕，請大家吃，看看她做得好不好？文斌也跟著大家拿一個放在嘴裡，她馬上過去對他大聲的說：「你怎麼這麼不自愛，什麼都放到嘴裡。你有糖尿病、高血壓、還有膽固醇也……。」文斌氣唬唬的把咽了一半的蛋糕吐在地上，掉頭就走。

「哦，我想起來了，你也太小氣，叫你不要亂吃也是為你好，以後不說就是啦，已經十一點了，趕快……。」

到了會場，看見朋友，田文斌又開朗起來，跟大家打招呼，跟大家嘻嘻哈哈。他們這桌都是老朋友、老同學、老同鄉，聊得很起勁。台上開會致詞，台下聊天依舊；掌聲後又有致詞，致詞後又有掌聲，如此六、七次，終於菜上來了。

大家舉起茶杯互相恭喜一番。田文斌舉起筷子去夾拼盤時，他太太擋著他的手，在手袋裡拿出一個塑膠盒打開放在他面前，笑著向大家說：「他有糖尿病、高血壓、還有……。」田文斌皺著眉頭碰太太一下，非常尷尬的向大家苦笑笑，搖搖頭，在塑膠盒裡夾起一塊小黃瓜送到嘴裡，兩臂交叉放在桌面上，合著嘴慢慢的嚼著，眼睛掃向大家，似笑非笑。大家愕然的看著他，繼而都笑了起來。

頭髮花白的陳其東故作慎重的問他：「你發現糖尿病多久了？」汪桂芳搶著說：「已經一年多了，醫生說如果……。」陳其東打斷不讓她說，手指指著自己的鼻子：「我已經二十年了，你看出我有糖尿病嗎？我是從來不戒口，什麼都吃，連蛋糕、年糕都淺嚐即止，每餐吃個半飽就夠，和正常人沒有分別。等會你跟著我，我夾一塊你夾一塊，保管你吃得開心安心……。」大家都笑起來，「……全世界的美食都在溫哥華，餐館林立，大家有錢有閒，據統計十個人中就有七八個患糖尿病，滿街都是糖尿病患……。」大家又笑了起來。趁著田太太和別人說話，田文斌身旁的丁福老夾了塊貴妃雞放在他碟裡，他不客氣若無其事的放進嘴裡。鄰桌不斷有人過來打招呼，這頓飯他吃了什麼？沒有人知道。

田桂芳被拉去打麻將，「過年嘛，難得湊兩桌，田大嫂多久沒有來我家打牌了？妳把老田交給陳其東，他們會另湊一桌，有他盯著妳老爺，妳放心好了。」八十多歲的鄭老太太精神翼翼的指揮安排，皆大歡喜。

香港九七前陳其東結束所有生意，夫妻倆帶著三個孩子移居溫哥華。

兩個孩子回流香港，一個去了澳洲；夫妻倆逍遙自在享受神仙般的生活。兩人都好客，房子大也不寂寞。田文斌很久沒有來了，他看著這大房子，羨慕的說：「你這間房子漲了好幾倍啦，比你做生意更賺錢呢。」「都是托大陸同胞的福，反正房子就是房子，不賣仍然是一間房子，住慣了住得舒服就好……。」

陳其東沏了一壺茶：「你今天打不打牌？丁福老是我家常客，我打電話再找一個來就好……。」

「不打算了，改天再陪你們，聊聊天吧。」

「你喝茶嗎？」

「無所謂。」

陳其東笑笑，遞了杯茶給他，舒適的對著他坐下，小口小口的啜著，眼睛盯著田文斌：「這麼久很少看到你夫婦倆，還以為你回流台灣了。」

「我真的想回去，我在這裡住煩了……。」

「你不是頂喜歡攝影的嗎？」

「早不玩了。」

「就為了得糖尿病嗎？」

「還會為什麼？」

陳其東搖搖頭，又笑起來：「你們真是小題大做，緊張過頭了。」

「不是我緊張，是我老婆緊張，一日三餐你知道我是怎麼過的？早上一碗麥片，午、晚餐一碗雜菜湯，加些粉絲或一口白飯，比豬食還差……。」

「你可以提出商量呀，自己老婆有什麼不可商量的？」

「商量有個屁用，她就是怕我眼睛會瞎掉，怕我腳會被鋸掉，把我盯得死死的，如果今天不是鄭老太太的面子……。」

陳其東聽得好笑，一口茶噴出來，接著一陣咳嗽，停了一會才慢慢的說：「這事好辦，這事包在我身上，找一天把你們夫婦請來，再請幾位同病相憐的朋友，大家交換心得，保證你以後的日子會很好過。」

田文斌真的很想知道有什麼可以改變生活的方法。他本來就是一個開朗容易滿足的人，只是這一年多來他受夠了，他定睛的望著陳其東：

「你有什麼方法改變她的思想？」

「當然有辦法。我覺得你們就是太閒又太懶，恕我直說了，你千萬莫見怪。你們這樣的生活的確是過不下去；夫妻過到這種年紀，應該是人生最美好最逍遙的境界了，任何事情都商量著辦，把吃放在一邊，著重於品質的藝術上。學學日本人，一小塊黃瓜也用一個很精緻的器皿裝著，一小碗稀飯也用托盤托著。如果你和太太一起動手弄三餐，把每天你們倆人的食物弄精緻點，掌握好份量，增加些氣氛。我會叫我老婆私下勸她千萬莫在人前說你的病，你也不至於難堪。我同情你，也可憐你太太的憂心憂累，她可以向我太太學學做糖尿病的飲食。聽老哥的話，我就是一個最好的糖尿病人，我會讓你太太知道糖尿病可以過得很快樂的。千萬別鑽牛角尖自尋煩惱……。」

田文斌恍然大悟似的微點著頭。慶幸今天來參加了新春宴會，否則剛才在家裡一發牛脾氣真的不來了，豈不……。

陳其東站起來開朗的笑著說：「今天不打牌也好，我們以後要多來往，多聊聊。我送你去鄭老太太家拜個年，順便看看他們打到什麼風了……。」

文訊月刊二〇一一年六月號三〇八期銀光副刊刊出

結婚大事

六月的溫哥華，凌晨時分太陽已在窗簾縫中闖了進來，陽光正好射中我的眼睛，我像平常一樣躺在床上悠然的做運動，忽然想起，不行，得馬上起來，今天有好多事情。我愉快的拉開窗簾，心情和陽光一樣的燦爛。今天是我斌孫結婚的日子。

斌孫初中未畢業就隨家人移居溫哥華，在西門菲沙大學讀完研究所又回到台灣工作。認識同事林珮玟小姐，珮玟也是由台灣到英國修完碩士回台工作。兩個有緣人，經過六年相戀，得到雙方父母的同意，在溫哥華結婚。

昨天，斌孫帶著未婚妻到世界佛教會佛恩寺，向祖父靈位稟告結婚的事。他祖父十八年前在台灣因心肌梗塞突然去世；家庭遽變，無奈中，骨灰由兒子們恭送回大陸故鄉安葬。落葉歸根，生逢亂世，能回到出生地與先祖們團聚，也算圓滿。

移居溫哥華後，兒子們商議為父親在世界佛教會佛恩寺安個靈位，方便家人年節有個向先父及祖先長輩懷念拜祀的地方。故鄉路迢迢，家人大多沒有回去過。這是我們在固有傳統文化下，維繫在海外家族的願望。安了靈位，拉近了心靈的距離，每到年節或其他想念的日子，隨時都可以去膜拜憑弔，精神上會得到些安慰。

佛恩寺是溫哥華第一座佛教寺，創辦人之一是馮公夏老先生。老人家幾十年來為佛教盡心盡力，認識他的人都知道他修養好，説話溫和慈祥，凡事包容大度，連馮師母都説幾十年未見過他生氣。可惜幾年前以九十八歲高齡仙逝。

去世前他生日那天，我和兒孫們去他家裡拜壽，還照了張相片。大家都以為他必定高壽超過百齡，沒想到那張照片成為最後的紀念。他的靈位也安在佛恩寺。能與耆儒恩師及幾位好友大德共聚佛恩寺，得到諸佛菩薩的庇蔭，不知是幾世修來的緣份。

婚禮在本拿比鹿湖公園舉行。鹿湖離我家只有二十分鐘車程，我們經常會去野餐散步，或參加露天音樂會等各種活動。鹿湖非常廣闊，整個湖邊都是碧綠的草坪和濃蔭的樹林。我們訂的那間餐廳已有一百多年歷史，在當地算是最古老的一間。結婚儀式選在户外大草坪進行，連著湖邊，風景非常優美。

婚禮訂在上午十一時，我門很早就來到。已經有人比我們更早到達，興奮的在享受晨曦。親友們非常熱情的遠道來參加婚禮，也是趁機會參觀嚮往已久的溫哥華。

草坪上，婚禮現場已擺飾妥當。面向鹿湖的兩邊整齊排放了數十張涼椅，中間空出約兩米寬的通道，正前方鋪著雪白桌布的長桌講壇上，鮮花、聖經、以及相關的道具已擺滿了一桌，兩旁裝飾了無數的氣球、盆栽，更加顯得華麗莊重。因為時間尚早，我和大家走向湖畔，湖上還有些許烟波，一群野鴨在湖中悠游的沐浴陽光，陣陣薰風吹來，彷如人間仙境。

婚禮開始了，兩邊的涼椅坐滿了來賓。婚禮音樂響起，大家回頭看見遠遠的草坪上，新郎燦爛的笑著，右手挽著母親，左手挽著岳母，踏著婚禮的音樂節拍，慢慢的走過來。我眼睛一亮，不覺笑出聲來，從未見過這麼幸福的新郎，這麼溫情洋溢浪漫的場面，太可愛了。

緊接著新娘含笑挽著傲然微笑的父親出現在我們的眼前，伴著結婚進行曲走在碧綠翡翠般的草地上。在公證人前將新娘的手交給新郎，鄭重的對新郎說：「我把她交給你了。」

司儀宣佈結婚典禮開始，公證人拿著講稿正準備開始證婚，忽然雁聲齊鳴，四隻大雁一字排列低空伴隨著鳴叫聲飛越典禮上空，直向湖面而去，宛如閱兵大典的空中分列式進場，時間拿捏分毫不差，令人嘆為觀止。大家都抬頭看這些突如其來的不速之客，公證人笑著說：「牠們是來恭喜你們的。」大家都笑了起來。

「鴻雁來儀」我驚異的看著雁群遠去，心中默默的念著。天上人間，感謝上蒼的祝福。是巧合？還是不可思議的奇遇？不可說，不可說。

婚禮在歡欣莊重的氣氛下順利完成。沒有輪番上台致詞的貴賓，更沒有繁文縟節的娛人場面，輕鬆愉快，皆大歡喜。

婚宴入席尚早，穿著制服的男女服務員用托盤盛著餐酒、飲料，以及各種鹹、甜小點心，穿梭在賓客中，個個都微笑著非常禮貌的為大家服務。草坪上、陽傘下，來賓們自由自在的一邊聊天，一邊享用茶點，輕鬆愉快的享受湖畔的美酒良晨。主人們還邀請全體賓客與剛完婚的一對新人在餐廳前面拍了一張大合照。

婚宴開始入席，賓客們相偕進入餐廳，主人已安排好席次，看到自己的位置坐下來，不必你請我讓。婚宴採自助餐式，選自己喜歡的食物，不會浪費，也不必勉強，更不必推讓。雙方家長和新人一齊每桌敬酒後，很少再有賓客們滿場找人敬酒、乾杯。

換了音樂，可以跳舞，邊吃邊玩，一樣嘻笑熱鬧，賓主盡歡。

我非常欣賞喜歡這種婚禮。溫哥華有不少著名的公園、大學園區、以及高爾夫球俱樂部，都屬風景優美，依山傍水的絕佳景點。到了夏天，到處都有婚禮，到處都是禮堂，整個溫哥華都洋溢著婚慶喜氣。只要去公園，識與不識，大家都可以享受婚禮的幸福。

宴會結束了，有的賓客意猶未盡的再遊鹿湖。我也意猶未盡，但我需要回家休息一會兒，晚上還有節目。孫兒結婚是大事，每一個可以享受的機會，我都不願錯過。